京都 喫茶店クロニクル

古都に薫るコーヒーの系譜

田中慶一

KYOTO COFFEE SHOP CHRONICLE

The Lineages of Coffees that Scent the Ancient Capital

淡交社

《フランソア喫茶室》の代名詞でもあるセミウインナータイプのコーヒー

はじめに

幸いにして戦災を免れた京都は、戦前から続く老舗から最先端の一軒に至るまで、喫茶店の変遷をたどることができる、全国でも稀有な街だ。現役最古参である昭和初期創業の老舗、いち早く自家焙煎をはじめたハイカラな喫茶店、ヨーロッパのカフェに倣《なら》って人々が集うサロン的空間から、コーヒーを介して新しい都市生活の楽しみが広がった。

喫茶店全盛期を迎えた戦後には、独自の味を追求するコーヒー専門店、音楽や美術といった楽しみを持つ店が広がり、日常の憩いと娯楽を支えてきた。世紀の変わり目のカフェブームを経て、スペシャルティコーヒーの登場を機に、コーヒーシーンに新風を吹き込む次世代の旗手《きしゅ》が登場。マイクロロースターが新たなコーヒーの魅力を伝える一方、古い喫茶店や建築を継承して街の記憶を残す店もあり、個性豊かな顔ぶれの中に進取の気性と温故知新の趣が調和して、街のそこここで存在感を発揮している。

総務省統計局の「家計調査」によれば、「二人以上の世帯・品目別都道府県庁所在市及び政令指定都市ランキング」で、京都市はコーヒー消費量1位、支出金額2位（2015〜17年平均）。同じ統計ではパンの消費量・支出金額もともに1位となっており、その相乗効果もあってか、今も日々、新たなカフェやロースターの開店は止まることがない。舶来の食文化としてもたらされたコーヒー、それを楽しむ時間、空間は、いまや古都の日常に欠かせない存在となっている。

本書は、2019年に淡交社より刊行された『淡交ムック KYOTO COFFEE STANDARDS』の巻頭企画、「一万字で紐解く京都 珈琲の系譜」をもとに、京都の喫茶店史のさらに奥へと分け入った、いわば完全版ともいえる一冊だ。当時は紙幅の都合もあり、〝抄録〟といった体裁だったため、すべてを網羅するに至らず、刊行後も〝空白の時代〟への関心は膨らむばかりだった。2年を経て、新たに取材を重ねた本書には、前作では伝えきれなかった数々の新しい発見を盛り込んでいる。連綿とつながる京都の喫茶店の系譜をたどるなかで、客席からはうかがい知れない、いくつもの〝街の憩いの物語〟に出合えるはずだ。

八坂神社の門前、知る人ぞ知る《祇園喫茶 カトレヤ》

デザイナーが手がけた町家カフェの代表格《カフェマーブル仏光寺店》

もくじ

第四章　カフェブーム到来とコーヒーの進化　1990-2010

第五章　歴史を受け継ぐ者　2000-2020

【凡例】

◎本書は淡交社より刊行した『淡交ムック KYOTO COFFEE STANDARDS』に加筆・修正を行ったものである。

◎本文中に登場する状況や情報は2021年2月現在のものである。

◎巻末の「掲載店一覧」には、原則として本文中に登場する店舗のみの基本情報を記した。

第一章

京都の
喫茶史を紐解く
1868-1945

CHAPTER 1

Unraveling
Kyoto's Coffee History

1　明治維新と京都のコーヒー事はじめ

建都から1200年を超える歴史を持ち、誇るべきものは数ある古都にあって、食文化としていまだ新参のコーヒーは、いかにして街に広まったのか。その源流へとさかのぼると、意外にも黎明期の足跡は驚くほど少ない。すでに神戸では、明治時代初めからコーヒーの輸入が始まり、現存する最古の資料では、1878年（明治11年）にコーヒーを提供する店があった。地理的な時差も理由のひとつだが、元号が明治に変わろうとする1868年（慶應4年）の京都では、鳥羽・伏見の戦いが起こり、幕末から維新へと向かって時代を変える騒乱がまだ続いていた。この翌年に戊辰戦争は終結を見るが、相次ぐ戦乱で灰塵《かいじん》と化した京都に、新たな時代の象徴として行われた東京への奠都《てんと》がさらなる衝撃を与えた。長らく置かれた首都の地位が移ってしまうことに伴って東京や大阪へ移住する人も多く、街は空洞化し一気に沈滞。古都の存在感が失われる中で、京都はいち早い復興に向けて官民を挙げて殖産興業への取り組みに力を注いでいた。

京都の近代化を図る明治期の一連の施策は「京都策」と呼ばれ、他の都市に先駆けて積極的な再開発が進められた。１８７１年には河原町御池に織物、陶器等の地場産業振興センターの役割を果たす「勧業場《かんぎょうば》」が開設され、鴨川の西岸には工業製品や飲食物の製造指導、薬物検定を行う理化学研究施設「舎密局《せいみきょく》」が開業。また、勧業政策とともに教育政策も同時に推し進め、全国に先駆けて小・中学校、女学校、外国語学校などを開設した。さらに、１８７５年に同志社英学校（現同志社大学）、１８７９年に京都府立医学校（現府立医科大学）、その翌年に京都府画学校（現京都市立芸術大学美術学部）と大学の開設も相次ぎ、新たな街の姿が形作られつつあった。

伝統的な街並みにも一気に変化が現れる。市内の官収用地を整備し、現在の新京極《しんきょうごく》通や祇園の花見小路《はなみこうじ》など新たな街路の開通と商業地区の形成に着手。とりわけ、１９７２年に開通した新京極通の界隈は、１８９０年頃までには、芝居小屋や飲食店、商店が連なる歓楽街へと急成長し、京都に文明開化の風を吹き込んだ。１８８１年発行の『京都名所案内図絵』には「コノ都会第一繁花之地」と記され、「京極」の名は盛り場の代名詞となり、のちに西陣・堀川・三条・松原など市内各所に「京極」が相次いで出現した。その中に、京都でいち早くコーヒーを提供していた店もあったかもしれないが、残念ながらそれを裏付ける史料はない。

《忠僕茶屋》（『朝日新聞』２００１年９月29日）

ただ、唯一痕跡が認められるのが、幕末に清水寺境内に置かれた茶店《忠僕茶屋《ちゅうぼくちゃや》》だ。『朝日新聞』２００１年９月29日付け朝刊の記事に、古い写真とともに紹介された記事には、「軒下の台に半切桶《はんぎりおけ》を置いて、ビールかラムネかの瓶が入れてある。『コーヒ菓子』と書いた板が見えるが、コーヒーもたぶん瓶詰だろう」とある。写真の撮影年代は確定できないが、おそらく明治期には、すでにコーヒー自体は市井《しせい》に伝わっていたのではないかと思われる。

というのも、コーヒーを飲む場所は茶店には限らない。むしろ開国後に大きな役割を担った場所が、ホテルやレストランだ。とりわけホテルは、逗留《とうりゅう》する訪日外国人の生活を体現する場でもあり、コーヒーを含めた本格的な西洋の食文化の普及と伝播に及ぼした影響は大きい。神戸開港とともに関西にも多くの外国人が入って来ていたが、開国当初は政情不安が続いたため、行動範囲は開港地10里以内、居留地周辺に限られていた。しかし京都では勧業政策の一環として、１８７２年に日本初の博覧会「京都博覧会」を開催するにあたり、政府に外国人の入京認可を申請。許可を得た外国人については京都に入り、指定の施設での宿泊を認められた。

京都で初の外国人専門宿泊施設は、祇園八坂神社門前の《中村屋》、現在の《二軒茶屋 中村楼》だ。もともとは参道の茶屋として始まり、500年近い歴史を持つ老舗だが、旅館も兼業する料亭となった明治維新以降に発展。その契機を作ったのが、8代目当主・辻重三郎である。当時にあって進歩的な発想と時流を見る目を持ち、明治初年に2階建ての新館を増築。ペンキ塗りの簡易な洋間8室を設け、宿泊施設として明治末年頃まで営業した。

また、西本願寺で開かれた「京都博覧会」の会期中は、外国人宿泊地に指定された塔頭《たっちゅう》や旅館での食事をすべて《中村屋》が手がけた。その時の宿泊料や食事の内容を示した「宿主口上書」には、ステーキやサラダ、パンなどとともに朝・昼・夜のメニューほぼすべてに「コーヒ・棒砂糖」が供されている。京都では舶来の材料など少なかった当時、大阪居留地のホテル《自由亭》で西洋料理の修業経験もあったという重三郎が、神戸まで出かけて海外から直輸入の食料品や飲料を調達したという。

《中村屋》に逗留した宿泊客の中には、1872年に法学教師として来日したフランス人、ジョルジュ・ブスケがいた。ブスケは、その時の京都の様子をこう残している。

「京都は整然とした、もの悲しい、死に瀕した木造の大ヴェルサイユともいうべきものであり、活気は江戸に移ったので、活気からは見捨てられている。（中略）そこにあるものは、贅沢品の商い、絹織物、茶屋、ギター（三味線）の演奏会等すべて色あせた流行おくれのバビロンの華やかさである」（『京都ふらんす事はじめ』駿河台出版社、１９８６年）。

街はまだ復興の途に就いたばかりだったが、１８７８年頃には、京都へ進出した大阪のホテル《自由亭》、１８８１年に円山公園内の塔頭を改装した《也阿弥《ぜあみ》》が創業。当時のイギリスの旅行ガイド『マレー・ハンドブック』の日本案内には、１８８１年時点の京都のホテルとして、《自由亭》《也阿弥》《中村屋》が挙げられている。さらに、１８８８年に神戸の料亭《常盤花壇《ときわかだん》》の経営者が旅館《京都常盤》（のちの京都ホテル）、１８９９年に《都ホテル》も開業している。これらホテルの宿泊者には、食事や宴会の場として利用した日本人も含まれていただろう。コース形式のメニューでは、必ず最後にコーヒーか紅茶が供されるように、西洋の食文化の一部であり、洋食を介したホテルでの体験は、コーヒー普及の大きなきっかけのひとつだったと言える。

2 文教都市・京都と学生街のミルクホール

復興に邁進《まいしん》する明治期の京都で、大きな画期となったのは、1895年（明治28年）の「第四回 内国勧業博覧会」の開催だった。「平安遷都《せんと》千百年紀念祭《きねんさい》」に合わせて誘致したもので、その頃まだ田園風景が広がる郊外地だった岡崎に会場が作られた。広大な敷地には、工業館、農林館、器械館、水産館、美術館、動物館といった展示場をはじめ、全国各地から出展した売店、飲食店などが建ち並び、さらに会場の北側には遷都千百年紀念祭場として平安神宮を建設。4か月の会期中の入場者は100万人を超える盛況ぶりを見せた。ちなみに「京都博覧会」は、1871年の第1回以降、明治の末まで毎年開催され、跡地には図書館、美術館など公共施設が次々に建設された。また、博覧会の余興として花街が行った公演がのちに祇園の「都をどり」、先斗町《ぽんとちょう》の「鴨川をどり」として引き継がれていくことになる。

この博覧会開催に合わせて、前年に京都電気鉄道会社が開業し、日本初の市街電車が運行を開始。さらに、それに先立つ1890年には琵琶湖第一疏水《そすい》が完成し、翌年から水力発電事業も始まっていた。また、洋式の織物技術の向上を進めた西陣織業界も、この頃には高級織物としての評価を取り戻すとともに、明治後期には洋式織機も急速に普及した。その他の地場産業も高い品質と生産性を発揮して、織物や陶磁器、扇子、漆器などは輸出の主力産品となり、海外の万国博覧会でも数多く入賞。京都ならではの技術で、幕末以来の危機を脱しつつあった。同時期には、帝国京都博物館（現京都国立博物館）、京都帝国大学（現京都大学）の設立、旧制第三高等中学校（三高、現京都大学）の大阪からの移転も続く。その中での「内国勧業博覧会」開催は、明治維新以降の街の産業・文化の再生を示す恰好《かっこう》の契機となった。

この時代に、喫茶店的な存在として確認されるのがミルクホールだ。ミルクホールが日本で初めてできたのは、１８９７年頃。東京・神田の学生街で、「新聞・官報縦覧所《かんぽうじゅうらんじょ》」とも呼ばれ、角砂糖を１、２個付けた温かいミルクとパン、カステラなどを食べながら記事を読む場だった。店内のガラスケースに商品を入れて販売するスタイルが主流で、のちにコーヒーも提供するようになり、菓子やパンで空腹を満たしたという。京都でも、１８９３年に三高の校舎が新設された吉田地域には、学生街の繁栄を見込んで飲食店や商店が集まり、中でも数多くできたのがミルクホールだった。当時の新聞にも、「学校町に必ず付属するものはミルクホールなり各店舗には新聞又は新刊雑誌を備へ欧米の名画等を額に掲げなかなかハイカラなるものもあ」ったとある（『京都日出新聞』1910年9月7日号）。ミルクホールが増えたのは、資本をかけずに開業できたことも理由のひとつだろう。大正時代の女性向けの商売指南『婦人商売経営案内』（現代之婦人社、1924年）によれば、ミルクホールは極めて小資本ででき、手数を要さない上に、売上の3〜4割5分の利益が上がるため、「何人にも出来る好都合の商売」とされていた。

また、京都のミルクホールとして、資料の残る最古の店と思われるのが、明治30年代に同志社大学構内に開店したという《中井ミルクホール》、のちの《わびすけ》だ。創業者の中井汲泉《きゅうせん》は、今出川御門《いまでがわごもん》前玄武町に生まれ、両親が同志社大学創立者の新島襄《にいじまじょう》の夫人・八重《やえ》や、同志社女子大学創立者であるメリー・フローレンス・デントンに仕え、自身も同志社幼稚園の第1期生だった。同志社との縁で、デントンの支援を受けつつ1900年頃に《中井ミルクホール》を開業。同時に薔薇園も経営しており、黒薔薇が植えられたハイカラな店として知られたという。

学内に建物が増えるに従って、大正初期には大学の向かいに移転。当時としては珍しい自家製のアイスクリームや、じゃがいもとタマネギと挽き肉を卵でとじあわせた「いもねぎ」が評判を取り、学生たちでにぎわっていたという。おそらく、創業当初からコーヒーなども供していたと想像されるが、確たる裏付けはない。汲泉は京都市立絵画専門学校（現京都市立芸術大学）を卒業後、美術教員として愛知や岩手に赴任していたが、その間は親戚の手によって続けられ、戦時中は《中井食堂》として営業。戦後、1958年（昭和33年）に帰京した汲泉は《中井ミルクホール》を改築し、工芸喫茶《わびすけ》として新たに開店。自身は画業の創作活動に打ち込み、経営は家族に委ねられた。その後も、名物の「いもねぎ」とともに長年、同志社大学生に親しまれたが、2011年（平成23年）に惜しくも店を閉じた。

加藤政洋の『酒場の京都学』（ミネルヴァ書房、2020年）によれば、学生街にミルクホールが多数現れた京都独特の理由について、当時の東西の下宿事情の違いを挙げている。1914年（大正3年）に三高を卒業した元立命館大学総長・末川博の回想によれば、東京では早くから賄い付きの学生の下宿ができたのに比して、京都では寺院や町家の空き間を間借りする者が多かった。これは、おしなべて京都の人々が学生を大切にする気風の現れともいえるが、食事は外で済ますため、自ずと大学周辺に学生向けの飲食店やミルクホールが増えたという指摘だ。大学の街でもある京都にあって、学生と喫茶店は一種分かちがたい関係となって、のちに独自の喫茶店カルチャーの発展に大きな役割を果たすことになる。さしずめ、《中井ミルクホール》はその原型ともいえる一軒だろう。

ところで、その名の通りミルクホールの主たるメニューは牛乳である。明治中頃には段々と日本にも牛乳を飲む習慣が定着するようになり、ミルクホールはさらなる消費促進の手段でもあった。乳製品もまた西洋の食文化に欠かせないものであり、開国前から牛乳は滋養食品として知られ、飲料としての普及はコーヒーよりも早かった。奥山儀八郎の『珈琲遍歴』（旭屋出版、1974年）には、肉食と牛乳の摂取を奨励する一節があり、牛乳の飲用方法として、少量のコーヒーを加えて独特の匂いを抑える方法を紹介している。あくまで牛乳が主だが、まだ味になじみがなかったコーヒーの味を知る大きなきっかけにもなったと想像される。牛乳はのちのコーヒー普及における名脇役といってもいいだろう。

牛乳需要の高まりとともに、徐々に牧場を経営する人も増えはじめ、京都では勧業政策の一環として1973年、日本における西洋式牧場の始まりとされる『京都府営牧畜場』が聖《しょ》護院《うごいん》に開かれた。1880年代には規模を拡大し、後続の牧畜業者が郊外にも続々と開業。京都では全国に先駆けて、牛乳の加工販売や各戸への配達が行われた。先の《中井ミルクホール》の自家製アイスクリームにも〝地元の牛乳〟が使われていた可能性は高い。

全国的に見ても先進的な乳製品の普及は、この後、牛乳を材料とする菓子を通してさらに広がりを見せる。もともと製菓業が盛んだった京都は、明治期に洋菓子の普及が進んだ地域のひとつで、菓子店では新たな素材として牛乳やバターなどの乳製品が注目されていたという。1881年創業、京都最古といわれる洋菓子店《桂月堂《けいげつどう》》では、神戸でドイツ人から学んだ店主がカステラやシュークリーム、ゼノワーズ（スポンジ生地）などを製造販売。洋菓子店のみならず、伝統的な和菓子店でもカステラやビスケット、サブレーなど乳製品を用いた菓子の開発に注力し、内国勧業博覧会に出品・入賞する店もあった。1907年に京都でも最古参の洋菓子店《村上開新堂《むらかみかいしんどう》》、1919年に現役最古のベーカリーとされる《大正《たいしょう》製パン所》が開業するなど、菓子、パンも徐々に身近なものになりはじめた。明治末期から大正時代にかけて西洋の食文化が一気に街に広まったことは、以降に本格化するコーヒー普及の大きな土台となった。

3 カフェーを愛した三高生の記憶

明治末年から始まった京都市の三大事業、「第二琵琶湖疏水（第二疏水）開削」、「上水道整備」、「道路拡築および市電敷設」の実現とともに幕を開け、第一次世界大戦による好景気に沸いた大正時代。盛り場を闊歩《かっぽ》する「モボ・モガ」と称されたモダンな男女が集う、ハイカラな店も目立つようになる。その中でも、当時の歓楽街を席捲《せっけん》したのが、日本独自の「カフェー」と呼ばれる飲食店だ。

まさに時代を象徴する存在だが、ひと口にカフェーと言っても、喫茶店に通じる店からレストランやバーに近い業態まで多岐にわたる。この時代のカフェー事情を丹念に追った斎藤光『幻の「カフェー」時代』(淡交社、2020年)では、カフェーを以下のように捉えている。即ち、「日本社会に現在広く見られる『カフェ』、これを日本で歴史的にさかのぼると『カフェー』に行き当たる。『カフェー』は、洋風の内装調度の店内で、洋風の飲食、たとえばコーヒーや洋酒、カレーライスなどの洋食をとる場である。かつてそのように、一般の人々から認識されていた」場所だ。人々にその認識が広がり、その言葉から共通したイメージ、具体的な場や店が想起される状態をもって「カフェージャンルの登場」とし、具体的には東京・銀座で《カフェープランタン》《カフェーライオン》《カフェーパウリスタ》が創業した、1911年(明治44年)を、その嚆矢《こうし》としている。

同書によれば、京都におけるカフェーの広がりには、三大事業による道路拡築と市電敷設という地理的要因、教育振興による大学の増加が密接に関連している。とりわけ学校開設により急増した学生の存在は、当時のカフェーの普及に大きな役割を果たしていた。明治初期の「京都策」以来、京都市内には数多くの高等教育機関の誘致・設置が盛んに行われ、1889年の三高の移転、1897年の京都帝国大学に続き、1902年に京都高等工芸学校（現京都工芸繊維大学）、1909年に京都市立絵画専門学校と相次いで開校。東京に「カフェージャンルの登場」した頃、京都は文教都市としての側面をさらに強めていた。

勧業博覧会を機に、明治の半ばから開けた〝新開地〟として、吉田・岡崎界隈には相次いでミルクホールが現れたが、その中からカフェーへと発展した店もあった。その中の一軒が《吉田カフェー》で、もとは小さなミルクホールだったのが、学生からの好評もあって改装を重ね、壁に油絵を掛けたり、ウイスキーやブランデーなどの洋酒を置いたりしてカフェー色を強めていった。ここに周辺で下宿生活する帝大生や三高の生徒が集まり、「新京極などへ外出せずゴロゴロと下宿屋の二階に転がつてる余暇さへあれば此の吉田カフエーに行きコーヒーに西洋菓子をぱく付き大に気焔を吐」いていたという（『京都日出新聞』1912年2月15日号）。

とはいえ、三高生もすべてが学校の周りに留まっていたわけではない。むしろ、三高や帝大の学生は学校から繁華街へ出る時に、酒場やカフェーなどを飲み歩く生活が定着しており、当時の記録にはとりわけ三高生が残したものが数多く見られる。その中でも、京都市街で彼らに厚い支持を得たのが、寺町二条の角地にあった菓子店《鎰屋《かぎや》》だ。梶井基次郎《かじいもとじろう》の小説『檸檬《れもん》』にも登場したこの店は、「京都第一のハイカラの和洋菓子屋（中略）階上に京都随一の喫茶部が出来て《カギヤカフエー》の名は新しい人々の口に能く上」ったという（『日出新聞』1911年12月17日号）。

《鎰屋》（『時世粧』1巻7号、1937年）

当代店主・白波瀬次郎《しらはせじろう》が取り上げられた、『日出新聞』1930年1月15日の連載記事「事業とその人」によれば、1899年に店を引継ぐとともに大改修を行い、西洋菓子宣伝のために店内に茶寮を設けたとされる。資料によっては1908年など諸説あるが、改修後は黒壁の洋風2階建ての堂々たる店構えとなり、店内には手動リフトを備え、菓子や食器の昇降も可能だったという。遅くとも大正年代には市中で注目の存在となっていたようで、1924年（大正13年）10月の『京都料理新聞』によると、「当時、喫茶店としては寺町二条下ルのかぎ屋、四条河原町下ルの虎屋支店、西陣の塩瀬だけで（中略）、寺町のかぎ屋は小娘のボーイを使ったハイカラの元祖であった」（『京都料飲十年史』京都府料飲組合連合会、1970年）とある。

《鎰屋》は、昭和初期に詩人・堀口大学《ほりぐちだいがく》が京都の著名商店主とともに制作したPR誌『時世粧《じせいそう》』に広告を出しており、往時の様子を伝える貴重な写真が掲載されている。テーブル席の写真には、品の良いクロスにランプを置き、意匠を凝らした食器やとりどりの菓子が目を引く。ケーキとコーヒーの写真には、「WAITENDE KUCHEN（待っているお菓子）」とドイツ語らしき見出しが付され（「WAITENDE」は「WARTENDE」の綴り違いと思われる）、「ハイカラの元祖」と呼ばれた進取の感性をうかがわせる。

老舗の伝統を保ちつつ、いち早く喫茶部を設けて洋風の菓子を売り出した《鎰屋》は、毎日来る常連が100人にも上り、そのうち6割が学生、おそらくほとんどを三高の学生が占めていたと思われる。《鎰屋》は学校のある吉田と新京極・四条通の間にあり、日々の遊歩のなかで繁華街へ繰り出す拠点として絶好の場所にあった。1919年から5年間、三高に在学した梶井基次郎も、後年、小説家となる中谷孝雄や映画評論家となる飯島正といった友人たちとしばしば訪れていた。飯島によれば、《鎰屋》は三高生が寄る唯一の喫茶店であり、金がある時はここでコーヒーを飲むのがお決まりだったという。また当時、前出の「小娘のボーイ」の中に、お朝さんという美人店員がおり、三高生の間で「モルゲン（ドイツ語で『朝』）」と呼ばれ評判を取ったそうだ。

さらに、同時期に在学した俳人・山口誓子も「三高時代、新京極から寺町通りを上って丸太町通りへよく出たもので、私のお決まりのコースだった。途中《鎰屋》でお菓子をたべるのがひとつの楽しみだった」と回想している（『カメラ京ある記』淡交新社、1959年）。昭和初期には、作家の織田作之助も常連の一人となり、中谷孝雄もともに在籍した文芸部の会合にも《鎰屋》が使われた。さらに三高生の行きつけとして祇園石段下《いしだんした》の《レーヴン》、四条河原町の《ビクター》、大丸前の《コマドリ》といった店の名も見られる。

新京極や寺町といった繁華街、吉田の学生街だけでなく、この頃は道路拡幅とともに市電路線が伸びたことで、こうしたカフェーや喫茶店は市内各所に広がり、一定の数に達していたと思われる。四条界隈では、コーヒーの普及に大きな役割を果たした、《カフェーパウリスタ京都喫店》が大正初年に開業。第1回のブラジル移民団長・水野龍が、サンパウロ州政府からコーヒー豆の無償提供と宣伝販売権を得て、全国に20店以上展開した《カフェーパウリスタ》は、コーヒーとドーナツをともに5銭で提供。本格的な味わいを安価に楽しめる場として文化人、ハイカラ人士を中心に人気を博し、関西在住時の作家・谷崎潤一郎もしばしば足を運んだという。

同時期には、三高生も多かった《オタビカフェー》、芸妓や舞妓も贔屓《ひいき》にした《カフェーミヤコ》のほか、祇園《中村屋》のバーや西洋料理店《東洋亭》が手がける《ギオンカフェー》など、料理店の支店形態も現れた。さらに変わったところでは《京都農園》の支店として《温室内サルン》（現在、祇園花見小路に残る喫茶店《ノーエン》の前身か）、日ごとに場所を変えて天幕を張って営業した移動式の《カフェータワー》も話題を呼んだという。《吉田カフェー》《鎰屋》をはじめとして、草創期のこうしたカフェー、喫茶店には三高生はもちろん、作家や美術家、大学教授、新聞記者などが出入りする店も数多くあり、新たな文学、芸術運動の拠点ともなっていた。

4　女給の登場と一大カフェーブーム

明治後半から大正時代にかけて新京極界隈は、東京・浅草、大阪・千日前とともに、〝日本の三大盛り場〃と称されるまでに発展。芝居小屋、映画館の周辺に１００軒近い店が軒を連ね、京都の新たな歓楽街としてにぎわいを見せた。１９０３年（明治36年）に刊行された『夜の京阪』（金港堂書籍、１９０３年）では、「點燈《てんとう》後の新京極」の記事が往時の様子を伝えている。

「芝居寄席を初めとして、襟《えり》屋だの靴屋だの、紙屋に八百屋に袋物屋、菓子屋烟《たばこ》屋善哉《ぜんざい》屋、下駄屋帽子屋金物屋、蕎麦《そば》屋饅頭《まんじゅう》屋糸物屋、シャツ屋鶏肉屋提灯屋、薬《くすり》屋寫眞《しゃしん》屋蝙蝠傘《こうもりがさ》屋、砂糖屋雑貨屋鰻飯《うなぎめし》屋、呉服屋精肉屋文房具屋、さてはいろいろ種々の商店や、神社仏閣が闇路《やみじ》を照らす無数の燈光で、夫《そ》れは夫れは美しい事」

すでに１８８９年には街路に電灯が灯り、京都の街並みにも洋風建築が目立つようになっていた。新京極のみならず、四条通には１９１２年に《大丸京都店》、１９１９年（大正８年）に《髙島屋》と、呉服店を前身とした百貨店が相次いで創業。さまざまな商品の売場のほか食堂も併設し、ライスカレーや菓子、コーヒー、紅茶なども用意されていた。新京極を中心とした界隈は、まさに人の絶え間もない京都第一の繁華街となった。

その中でカフェーは、時代を象徴する存在としてますます勢いを増し、新たなサービスも次々と打ち出された。とりわけ、着物姿にエプロンをかけた女性店員「女給《じょきゅう》」の登場が、カフェーのイメージを決定づけた。大正期から昭和初期にかけて、カフェーは女給を置いたことで人気が爆発。のちに風俗的なサービスも加わって、今でいうナイトクラブやキャバレーなどに姿を変えて盛り場をにぎわせた。1920年代から、カフェーに欠かせぬ存在として、女給という言葉やコンセプトが巷間に広まり、1922年7月には『京都日日新聞』（現『京都新聞』）による「カフェー女給人気投票」なる企画が世間の話題をさらい、新時代の流行のシンボルともいうべき女給の人気ぶりを示した。

この人気投票で上位に入った店の中には、1911年から西洋料理を供していた《矢尾政《やおまさ》》（現《東華菜館《とうかさいかん》》）がある。1926年には、四条大橋西詰に新たなビアレストランを開業。W・M・ヴォーリズの手がけたスパニッシュ・バロックの洋館にさまざまな部屋を備えた店は、ホテルにも劣らぬ重厚な雰囲気を漂わせた。鴨川をはさんだ対岸には1921年、四条南座前に《菊水《きくすい》》が開店。1階はレストラン、2階をカフェーとし、3年後に四条寺町にも同様の店を開いた。また当時、異彩を放った存在として、四条寺町に1925年に開店した《スター食堂》がある。人気ダンスホールとしても知られた《カフェーローヤル》で支配人を務めたこともある創業者が、18年の在米体験をもとに、一括大量購入のチェーンストア・システムをいち早く導入。「何品でも一皿25銭」の洋食堂として人気を獲得し、市内に最大10店を展開した。

一方、京都に数多生まれた「京極」の中で、西の盛り場として栄え、「西陣京極」と称された千本通では、1923年に《カフェー天久《てんきゅう》》が評判に。大きな蓄音機を置き、女給14、15人を擁した店は、西陣の旦那衆はもちろん、のちに作家・水上勉や映画監督・黒澤明もたびたび訪れ、文化人の贔屓も多かったという。戦後もカフェー全盛時代そのままの姿で営業し続けた稀有な存在として知られたが、1986年（昭和61年）に惜しくも閉店。現在は岐阜県明智町の「日本大正村」に店舗を移築され、喫茶店として営業。今も女給姿の店員が立ち、往時の雰囲気を伝えている。

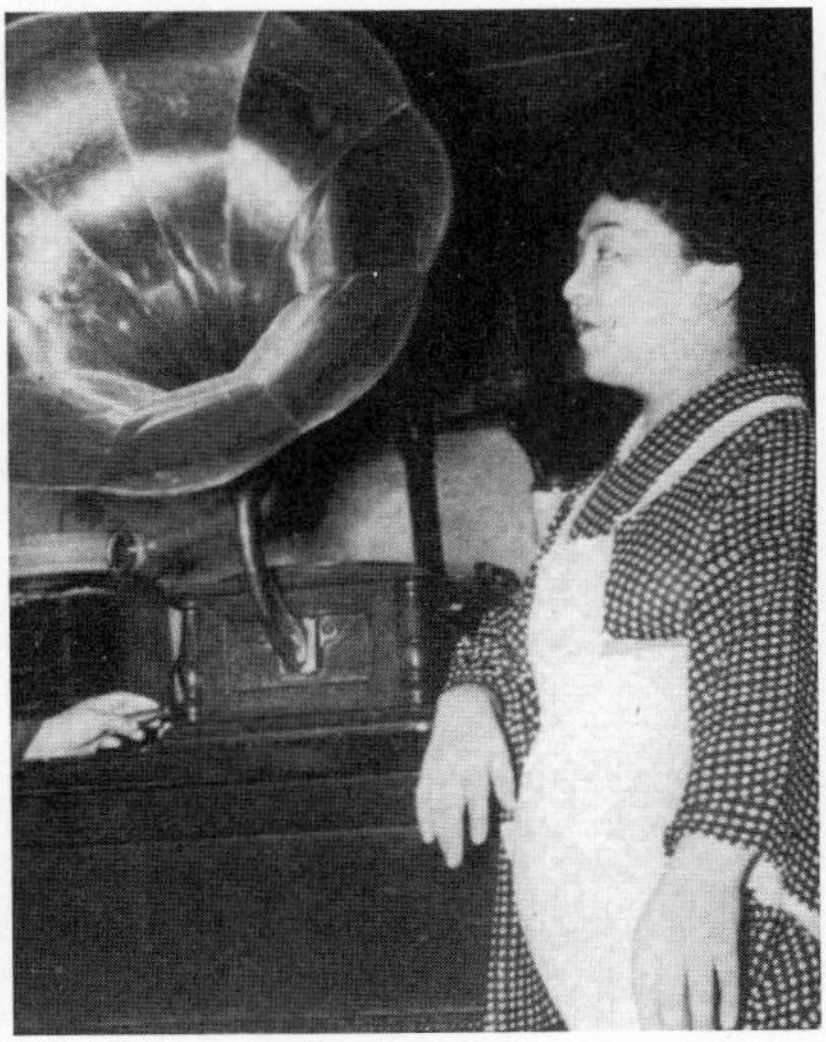

《カフェー天久》（『京都味覚散歩』白川書院、1962年）

その後もカフェーは増え続け、「大正末年の調査によると国税を納める西洋料理カフェーの数は一二七」（『京都大事典』淡交社、1984年）だったのが、1933年の時点でおよそ350店以上にまで増えていることから、その隆盛ぶりがうかがえる。加えて、1923年の関東大震災を機に、昭和初期に隆盛を誇った大阪のカフェーが、この流れを牽引。1929年には大阪の人気カフェーのひとつ《美人座》が京都に進出し《カフェー祇園会館》を開店。100人規模の女給を配したともいわれる。こうした大阪のカフェーは翌年に銀座にも進出し、大資本と女給のサービスを売りに、全国的に一大カフェーブームを巻き起こした。

5 今に続く老舗が昭和初期に続々開業

昭和初期に京都のさまざまな事象をランキングした『現勢鳥瞰図京都百面相』（京都の実業社、1933年）の「レストランカフェー・喫茶店番附」には、レストラン・喫茶店の横綱に《矢尾政》、関脇に《菊水本店》、小結に《東洋亭》と並び、前頭には《スター食堂》《鎰屋》《天久》《コマドリ》といった顔ぶれが見える。一方、カフェーでは、織田作之助の小説にも登場した横綱の《交潤社《こうじゅんしゃ》》のほか、大関の《美人座》、小結の《祇園赤玉《あかだま》》、前頭三枚目

《タイガー》といった大阪資本のカフェーが上位に位置づけられ、カフェーの隆盛をうかがわせる。一方、勢いづくカフェーに対して、ミルクホールや喫茶店との住み分けも徐々に鮮明になっていく。すでに増えつつあった本格的なコーヒーを出す店が、カフェーと区別するために名乗った「純喫茶」は、現在の喫茶店、コーヒー店の原形ともいえる。すでに1922年（大正11年）には、中心部の喫茶店の有志30余人で作った業者の団体があったとの記録もある。

また、先に取り上げた『婦人商売経営案内』（21頁）には、職業のひとつとして「喫茶店」があり、「ミルクホール」との線引きが興味深い。ミルクホールが、官報や新聞・雑誌を備え、基本的に牛乳とパン類を販売する店であるのに対し、喫茶店は「御腹も空腹でない人々が一寸《ちょっと》立寄って、口を潤して行く處《ところ》で、即ち、御茶類（コーヒー・紅茶、筆者註）、清涼飲料水と軽いケーキ類（菓子、同前）果物等を客の要求に應《おう》じて差出す店」としている。立地についても前者は学校、官庁、会社の近隣を勧めているのに対し、後者は繁華な場所、しかも相当な都会でなければならないという。ミルクホールが情報収集、栄養補給を兼ねた実用性が主であったのに対して、喫茶店は嗜好品とともに余暇を楽しむ場という位置付けが見て取れる。この時には、カフェー、ミルクホール、さらに喫茶店もジャンルとして明確に分化しつつあっ

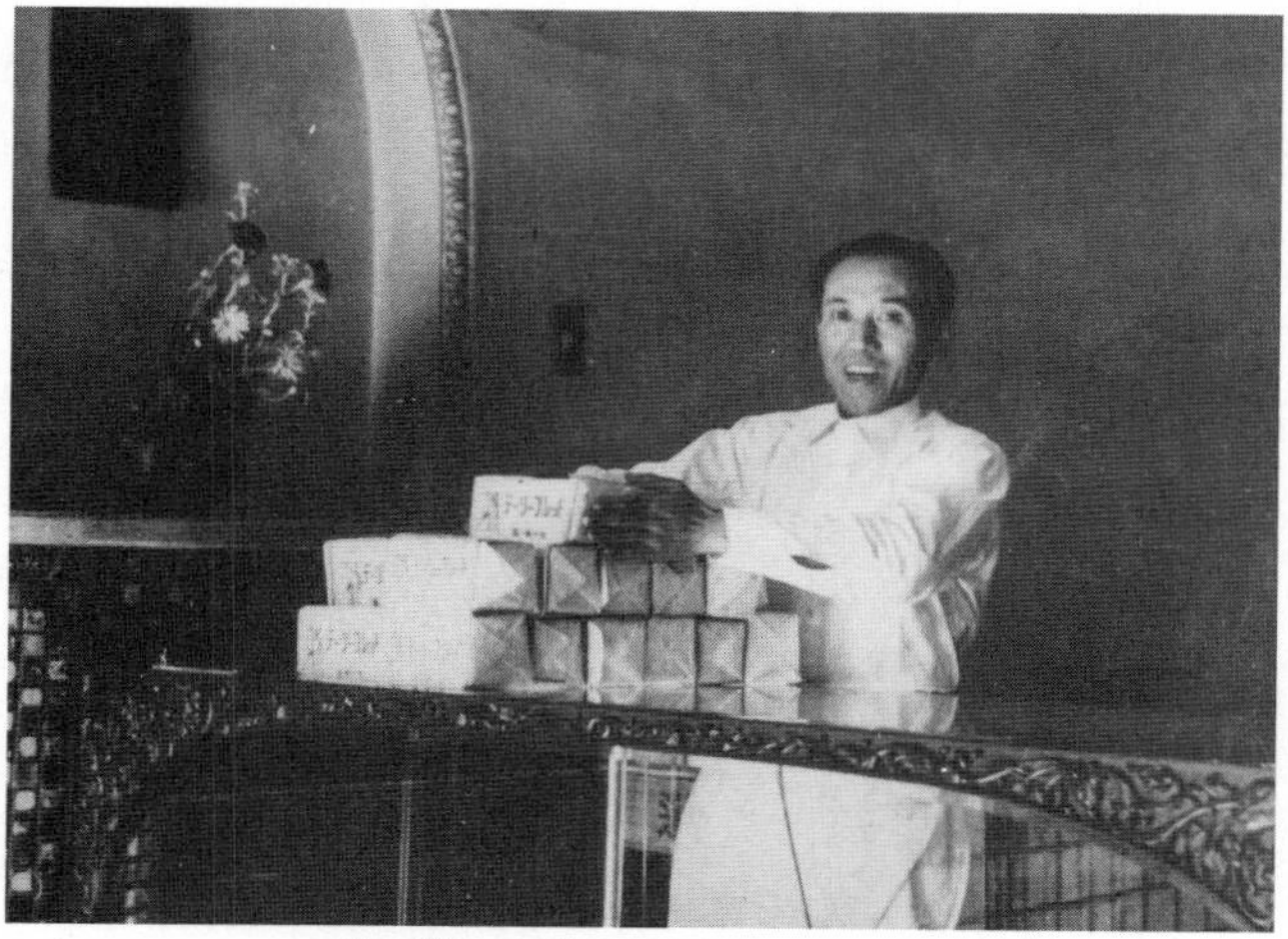

《進々堂》の２代目・続木猟夫（さつお）氏

たといえるだろう。

そして、この頃には、今に続く老舗喫茶が個性を競うように次々と開業しはじめる。

1930年（昭和5年）に開店した《進々堂》（現《進々堂 京大北門前》）は、創業90年を迎え、京都で現役最古の喫茶店として今なお健在だ。創業者・続《つづ》木《き》斉《ひとし》は、東京での学生時代は内村鑑三のもとで学んだのち、パン作りに魅せられて、1924年に日本人最初の留学生として渡仏。パリを拠点に2年余りヨーロッパを巡り、当地で製パンの技術を学んだ。この時、パリの文教街、カルチェ・ラタンにて、学生がコーヒーを飲みつつ勉強、議論する姿を目にして、「日本の学生さんに西洋の文化を実感してもらって、若い人に将来海外で活躍してほしい」との志を抱いて帰国。日本の将来を担う若者が集まる京都帝大の前に店を構えた。「カルチヱラタン！カルチヱラタンは志高く　想裕《おもいゆた》かなる人々の集《つど》ひ繞《めぐ》れる地域なり！」と、創業時に出した新聞広告には、詩人でもあった続木の思いのたけが溢れている。

建築に2年を要した建物は、中世様式の意匠やタイル、ステンドグラスの装飾、広い中庭など、現地で見聞したデザインを取り入れ、堂々たる店構えは界隈の人々の度肝を抜いた。ベーカリーとして始まった店では、まだパン自体が珍しかった時代に、京都にいち早くフランスパンを広めた店として知られ、作家の谷崎潤一郎らも訪れたという。フランスパンと同じ生地を柔らかく焼き上げたフレンチロールは、創業以来の定番として当時の味わいを伝える。柔らかな酸味でさらりと飲みやすいコーヒーも、今も変わらずオリジナルのブレンド一本。注文時にあらかじめミルクの有無を聞かれるのは、まだコーヒーを飲みつけない客が多かった頃のなごりだ。

「大切なのは空気感。時代も街も変わったが、扉一枚挟んで、中の空気は変わらない。さまざまな世代のお客さんにとって、ここに来ると当時が蘇る、ショーケースみたいなもの」4代目にあたる川口聡さんは語る。華麗にして静謐《せいひつ》な空間は、日々の学びの場、社交の場として時間を重ねてきた。大勢でも一斉に座れるようにと、木工芸家・黒田辰秋《たつあき》に依頼した大机と椅子は、「200年はもつ」と言われる重厚感。はるか先を見据えた店作りにも、自ら海を渡り、新たな世界を拓いてきた創業者の強い意志が息づいている。

《進々堂》の創業と同じ年には三条京極に《リプトン本社直轄喫茶部》として、《リプトンティールーム》の日本一号店も開店している。当時のメニューはコーヒー、紅茶が10銭、カレーライスが15銭。ここにも帝大や三高生の姿が多かったという。さらに1932年、ブラジルコーヒーの輸入販売会社「ニッポン・ブラジリアン・トレーディング・コンパニー」が全国展開したカフェ《ブラジレイロ》も京都に進出している。

《ブラジレイロ》と同じ年に、繁華な寺町通に開業したのが、《スマート珈琲店》の前身である洋食店《スマートランチ》だ。創業者の元木《もとき》猛《たけし》・操《みさお》夫妻は徳島から京都に出て、銀行家でもあった父の勧めで、当時随一の繁華街・寺町通に開業。新しもの好きのハイカラ人士として知られ、「スマート」の名には「近すぎず、遠すぎず、気の利いたサービスを」という思いが込められている。ロゴマークも自らが考案し、のちの2代目店主・茂氏は、幼い頃から この影絵を見て育ってきたという。

今まで《スマートランチ》については知るところが少なかったが、元木家の家族の思い出を撮影した映像のなかに、『スマートランチ 営業実況』と題された、1936年のショートフィルムが残されていた。撮影者は、店の向かいにあった《山本写真機店》（現《ガクブチのヤマモト》）の店主・山本爾郎《じろう》氏。まだアーケードがなかった寺町通に立つモダンな店構え、洋酒の瓶がずらりと並ぶバーカウンターには大きなコーヒーアーンが置かれ、料理人は白衣のコックコート、ホールの女性は白襟付きのワンピースに白いエプロンという、本格的な洋食店の趣だ。カウンター内に置かれた、輸入品と思しき巨大な冷蔵庫は、無類の家電製品好きだった猛氏が吟味したものだろうか。あちこちで湯気が立つテーブルにひしめく客のほとんどは、外套《がいとう》にストール、ハットというハイカラな装いでフライやライスを頬張り、なかには坊主頭や学帽を被った学生や、ホットケーキらしき皿を前に笑顔を見せる子供の姿も見える。メニューには、グラタン、コロッケにライスまたはパン、コーヒー付きで30円の「本日のランチ」のほか、カキフライや貝柱フライといった一品もあり、大盛りのごはんがおかわり自由というのも人気の理由のひとつだったという。店内の様子をつぶさに写しとった映像からは、老若男女でに

『スマートランチ営業実況』より抜粋

ぎわう店の活気がうかがわれ、写真では伝わらない、戦前の街や店の空気感が感じられる極めて貴重な記録だ。

その《スマートランチ》から、現在の《スマート珈琲店》となったのは終戦後のことだが、すでに猛氏はコーヒーの自家焙煎をはじめており、ドラム缶のような大型の手廻し焙煎機で焼いた豆を、麻袋の上に広げて団扇《うちわ》で冷ましていたという。《スマート珈琲店》には、創業当初から映画関係者の常連が多かった。というのも、実は1923年、関東大震災によって被災した東京・蒲田《かまた》撮影所のスタッフや俳優が関西に移り、以前から土地を入手してあった京都にスタジオが移転。市中からも近い下鴨神社のそば（左京区下鴨宮崎町）に、「松竹下加茂撮影所」が稼働していた。当時、松竹の時代劇部門を一手に担い、日本映画のスターや名監督たちが多く活躍。その後、撮影所が太秦《うずまさ》に移る1974年まで制作が続けられた。

さらに1934年には、四条木屋町界隈に《フランソア喫茶室》、《築地》、《夜の窓》といった喫茶店が相次いで登場。いずれ劣らぬ個性を発揮して厚い支持を得た。2003年（平成15年）に喫茶店として日本初の国登録有形文化財（建造物）に指定された《フランソア喫茶室》は、当時、市立絵画専門学校の学生だった立野正一氏が創業。画家フランソア・ミレーの名を冠した店は、1941年に画家・高木四郎氏、京大のイタリア人留学生アレッサンドロ・ベンチベニ氏ら芸術家仲間の協力により、豪華客船公室を模したイタリアン・バロック様式に改装。京町家の骨格を残し欧風調を取り入れた空間は、当時として革新的だった。また、当初から本格的な名曲喫茶を志向して電気蓄音機を備え、クラシック、シャンソンなどのレコードの選曲に定評があった。メニューの挿絵には画家・藤田嗣治《つぐはる》の線画を配し、コーヒー1杯10銭が相場のところ15銭と当時としては高めの価格で、京都でも最高級の店のひとつと言われた。

芸術の信奉者だった創業者は、また徹底したリベラリストでもあった。軍国主義が色濃くなった時代から、表現の抑圧に抵抗し、リベラルな論調で知られたタブロイド新聞『土曜日』を自店で買い取り、店を訪れる客に配布。西洋の文化や思想を語ることがご法度だった当時、反戦や前衛的な芸術、文学を自由に議論するサロンとして、多くの芸術家・文化人が顔を揃えた。当時、この店に集った常連の中には、藤田嗣治をはじめ、フランス文学者の桑原武夫や矢内原伊作、映画界では吉村公三郎、新藤兼人、演劇界では宇野重吉、滝沢修など、錚《そう》々たる面々の名が挙がる。立野氏は1937年、治安維持法違反による検挙、服役も経験しているが、自らの思想を貫き、戦後の一時期は店奥に貴重な洋書を揃えた《ミレー書房》を併設。店主を務めたのは、多くの文化人に影響を与えた書店《三月書房《さんがつ》》をのちに開く宍戸恭一氏だった。今では想像もできないが、変わらぬ風格を保つこの場所には、時代に抗った人々の記憶が刻まれている。

そうした常連の要望を機に生まれたのが、《フランソア喫茶室》の代名詞でもある、セミウインナータイプと呼ばれるコーヒーだ。コーヒーが苦手だった劇作家・宇野重吉のために考案されたクリームは、生クリームにエバミルクを配合したオリジナル。まろやかな甘味とあっさりした後味が好評を得て、今ではこの店ならではの味として親しまれている。自由と芸術を愛する人々を支えてきたこの場所は、京都の昭和史を語るにも欠かせない一軒だ。

一方の《築地》は、カラフルな乱貼りタイルと洋館風の店構え。２階のバルコニーに架かる看板が、年季を重ねた店の歴史を伝えている。当初は《バックストリート》と名乗っていたそうで、同時に手がけていたバー《築地》の名をのちに継承して今に至る。俳優を志していた初代が名付けた《築地》の名は、日本で初めての新劇専門劇場「築地小劇場」にちなんで付けられたものだ。「築地小劇場」はドイツの演劇に触れた小山内《おさない》薫《かおる》ら若き演劇人が１９２４年に東京で設立。当時のヨーロッパの芸術思潮を伝える革新的な舞台で注目を集めた。１９２６年には大阪で第１回の地方公演が行われ、関西の新劇界にも大きな影響を与えている。

そうした演劇的な趣向もあるのだろうか、白亜の外観から一転、店内はアンティークが彩る重厚な雰囲気に。「店の中にあるのは、創業者の祖父が趣味で集めたものなんです」とは、3代目の原田雅史さん。創業当初は専属のレコード係を置き、初代がコレクションしたSP盤のクラシックの調べが流れたという。老舗喫茶がひしめいた往時の界隈でも随一の贅沢な空間は、修繕を繰り返しながら当時の佇まいを守り続けている。

《築地》のウインナーコーヒー

贅を凝らした空間とともに、この店の顔ともいうべき存在が、京都で初めて供したというウインナーコーヒー。今ではもちろん、ブラックでも注文できるが、この店でホットコーヒーといえばウインナースタイルが基本だった。代々、伝えられてきたコーヒーのブレンドレシピは、3代目店主が引き継ぎ、85年前と変わらぬ味を守り続ける。

そして、屋号の響きも印象的な《夜の窓》は、三条通西木屋町にあって人気を博した一軒。店内にはクラシックの名曲が流れ、17坪ほどの小庭園もあって、夏には噴水が出て涼を誘ったという。上品な雰囲気で、客層も帝大や三高の学生が多く、会社役員や医師なども訪れる店だった。創業時は、宝塚少女歌劇の人気が全盛だった頃で、全てのホステスに緑の和服と袴姿の宝塚スタイルの装いをさせていたことで評判を集めていたそうだ。当時の喫茶店としては構えの大きな店で、戦後はいち早く冷房を導入するなど、高級感を打ち出していた。ちなみに、姉妹店に《明窓《めいそう》》という洋食店もあり、《夜の窓》と同様の雰囲気とお値打ちのメニューで支持を得た。

実は、新たにできたこれらの喫茶店は、《フランソア喫茶室》でも配布されていた『土曜日』に広告を出していて、書店だけでなく市中の多くの喫茶店でも販売されていた。『土曜日』発行の中心メンバーだった斎藤雷太郎の足跡を追った、『キネマ/新聞/カフェー』(ヘウレーカ、2019年)によれば、斎藤氏は松竹下加茂撮影所に所属し、俳優業のかたわら1935年から『京都スタヂオ通信』を発行。1年後に『土曜日』と名を変え、書店だけでなく、街なかで情報が行き交う新たな場として喫茶店に注目し、店からの広告出稿を通して販売網を広げたという。

やがて誌面には、多い時は30店近くの喫茶店の広告が並び、その中には先記した《築地》

（当時は《バックストリート》や《夜の窓》、《ビクター》の名も挙がる。また、1936年には、スペイン風の大喫茶室を謳《うた》った《カレドーニャ》、藤井大丸地下の《デリカシー喫茶室》オープンの広告があり、《デリカシー喫茶室》にはステージや大きな蓄音機のほか、冷房完備との文句も見られる。当初は広告出稿店に宣伝を兼ねて進呈していたが、徐々に買い取りを持ちかけ、各店に『土曜日』が浸透していった。『土曜日』は1936～37年の約1年半の発行に終わったが、この手法は現在のミニコミ誌やフリーペーパーにも通じるもので、当時の喫茶店は都市の中の新たな情報ネットワークの一端をも担っていた。

6 自家焙煎とコーヒー卸業者の先駆け

にぎわう中心部から少し離れた西洞院綾小路《にしのとういんあやのこうじ》には、1935年（昭和10年）、《珈琲の店 雲仙《うんぜん》》が開店する。佐賀出身の初代が名付けた屋号は、開店の年に国立公園になった故郷の名勝・雲仙にちなんだもの。「なぜ京都に来たかははっきりしないのですが、伝え聞くところによると、祇園の酒屋に奉公することになって、そこで祖母と出会ったそうです」とは、3代目の高木利典さん。初代はのちに、京都に日本1号店を出した《リプトンティールーム》で修業し、もとは人力車の車庫だった建物を改装。当初はウエイトレス、コックを抱え、コーヒーだけでなく洋食やケーキも置いていたという。

着物にエプロン姿で店に立っていた初代の奥様・高木リカさんはのちに、「その時代、コーヒーは10銭どしたけど、コーヒーお飲みやすお客さんはすぐのおしたなあ」(『平安~平成 京日記』関西書院、1994年)と回想している。利典さんにも、初代の記憶がおぼろげに残っている。

「明治の末生まれの祖父母は、いわゆるモボ・モガの時代を生きたハイカラ好み。当時でも先端的な人だったはず。祖父はフルーツの飾り切りなども得意でしたね」

《珈琲の店 雲仙》の初代(右)とその夫人(中央)

ちなみに、リカさんは京都高等女学校(現京都女子大学)在籍時は、《フランソア喫茶室》創業者の奥様・立野留志子さんと同級生だったそうで、老舗喫茶どうしの不思議な縁を感じる。50歳で他界した初代亡きあとは、気さくなママさんとして親しまれたリカさんと娘の禮子さんで店を切り盛り。界隈の呉服屋の旦那衆や使用人らの男性客が席を占めた。その中で、2代目となった禮子さんは、18歳の頃、「焙煎のやり方を覚えたら100万の値打ちがある」と先代に教わって以来、2015年（平成27年）に亡くなるまで店の味を守り続けてきた。まだ自家焙煎の店が少なかった創業当時、《珈琲の店 雲仙》は京都でも先駆け的存在のひとつだった。その頃から80年以上、働き続ける武骨な焙煎機はおそらく日本で現役最高齢。創業時と変わらず、4種の豆の混合焙煎だが、計器も何もない原始的な機体ゆえ、焙煎の塩梅は音と薫りだけが頼りだ。

「母は焙煎に携わって50年以上。横で見ているだけで、『そろそろやで』とか『焼き過ぎや』とかが分かるんです」

物言わぬ調度や道具に染みついた店の記憶は、京都の喫茶文化の代えがたい語り部だ。《珈琲の店 雲仙》に遅れること2年、五花街のひとつ上七軒《かみしちけん》近くに開店したのが《喫茶 静香》。先斗町《ぽんとちょう》の芸妓が、自らの名を付けた店は、開店から1年後に、訳あって現店主の初代にあたる宮本良一さんが引き継ぎ、住居と店が半々だったのを、すべて店舗に改装。多彩なモザイクタイルを使った煙草の販売コーナーや、アールの付いたショーケースなどの意匠は、当時にあってモダンの先端を行くものだった。神戸に舶来品を買い付けに行き、その頃に購入した蓄音機や煙突のついたストーブ、古いレジスターなどが、今も店内に残されている。店に飾られた往時の写真を見れば、すらりとした長身に白の給仕服と帽子、蝶ネクタイ姿に、良一さんのハイカラぶりがうかがえる。

また、店を継ぐにあたって良一さんは、店の隣の建物に焙煎機を置いて、コーヒーの自家焙煎をはじめ、オリジナルのブレンドを考案。あらかじめミルクを入れて、角砂糖2個を添えるのがお決まりだった。その後は、焙煎こそ先代の教えを受けた職人に頼んでいたが、柔らかな口当たりとマイルドな味わいのブレンドの調合だけは、娘である2代目の和美さんが店で手がけ、長らく両親の味を守ってきた。列車の座席を思わせる、淡い緑のビロード張りのボックス席には、当時、界隈の西陣織の職人の姿が絶えず、時には上七軒の芸・舞妓と旦那衆の待ち合わせ場所にもなった。モダンな店内にふわりと薫る

《喫茶 静香》現店主の初代にあたる宮本良一さん

花街の色香は、かつてこの店ならではの日常の一コマだった。

ところで、戦前の京都では、喫茶店は増えたものの、コーヒー豆の卸売りを手掛ける会社がほとんど見えない。コーヒー輸入の玄関口だった同時代の神戸では、すでに《萩原珈琲》や《上島忠雄商店》（現在の《UCC上島珈琲》）をはじめ、焙煎業者は群雄割拠の様相を呈していたが、京都では自家焙煎で開業する個人の喫茶店のほうが早かったようだ。実際、《喫茶静香》の創業者は開店にあたり、《珈琲の店 雲仙》の店主に焙煎のことを相談したという逸話もあり、京都独特の店どうしの密な縦横のつながりは、この辺りの事情に由来するのかもしれない。

とはいえ、焙煎卸業者が皆無だったわけではない。この頃にできた数少ない一軒で現在も続いているのが、千本下立売《しもだちうり》で1935年に創業した《大洋堂珈琲》だ。もとは1880年頃に創業した糸屋兼呉服屋を営んでいた創業者・福井宇一氏がコーヒー焙煎卸業に転身。町家を改装したであろう店構えも、元呉服商だったことをうかがわせる。創業当時、店が立つ下立売通は、御所の下立売門から嵐山方面へ通じる街道筋に当たったが、丸太町通の開通などで人通りが激減。ちょうど喫茶店が増えていた時期でもあり、「着物よりも喫茶店のほうが先のある商売と感じたのでは」と、2代目の滋治さんは、先代の急な転身の理由を推察する。

滋治さんによれば、初代は店をはじめるにあたり、神戸の山手、現在の上野通（王子公園の北側）あたりにあった商社《アラビヤ商会》に通い、コーヒーのイロハを習得。「タダノロイヤル」というメーカーの小さな焙煎機を使い、レストランや喫茶店にコーヒー豆の卸をはじめたという。当初、近隣の住民から焙煎の煙や臭いの苦情もよくあったそうで、滋治さんも苦笑交じりに振り返る。

「コーヒー屋は、ご近所と仲良くせないかんね」

当時の取引先は三条河原町の《バルス》、千本今出川の《ポリドール》といった喫茶店のほか、『京都日日新聞』の食堂、人気カフェー《交潤社》閉店後の跡地に1936年にできた《不二家 四条店》にも卸していたという。実は、滋治さんの記憶によれば《大洋堂珈琲》のほかにも、葛粉、穀類、乾物を扱った1884年（明治17年）創業の《木村九商店》をはじめ、《倉橋商店》《熊田商店》といった食料品店が、少量ながらコーヒーの焙煎・販売をしていたとのこと。現在まで続く《木村九商店》以外は存在が定かではないが、戦前の京都にも少ないながらコーヒーの焙煎を手がけた店はあったようだ。「昔は輸入食品のひとつとして扱っていた店が多かったが、うちは最初からコーヒーだけ」という滋治さんの言葉を信じるなら、《大洋堂珈琲》が京都のコーヒー焙煎卸専門業者としては最古参となる。

戦後は、1947年頃創業の千本通の老舗喫茶《ナポリ》（2020年に閉店）、河原町三条の《裏窓《うらまど》》、そして《フランソア喫茶室》にも一時期豆を卸していたという。ちなみに初代の宇一氏は、戦後、「京都珈琲商工組合」の前身となる、京滋地域のコーヒー業者組合を立ち上げ、初代会長も務めた。

《イノダコーヒ》（『京都味覚散歩』白川書院、1962年）

《大洋堂珈琲》に次いで、1940年に創業したのが、《各国産珈琲専業卸 猪田七郎《いのだしちろう》商店》、現在の《イノダコーヒ》である。創業者の猪田七郎氏は、1948年の「二《に》科展《かてん》」に初入選、のちに会員にも推薦されるなど画家としても知られ、画業に邁進するかたわらかねてから興味を持っていたコーヒーの焙煎卸売業、輸入食品の販売をはじめた。店の象徴である「豆を運ぶロバと男」の絵も自らが描いたものだ。

かつて《イノダコーヒ》で修業し、猪田七郎氏の薫陶を受けた《前田珈琲》の前田隆弘会長によれば、猪田氏は大阪の老舗コーヒー卸売会社《ジャイアント商会》（現在は廃業）の神戸支店でコーヒーについて学んだという。戦前の京都では、神戸方面からコーヒー豆を仕入れる店がほとんどだったと思われるが、創業間もない《猪田七郎商店》の卸先のひとつに《フランソア喫茶室》があった。画学生だった創業者の立野氏は、画家でもあった猪田氏と親交があり、《フランソア喫茶室》にコーヒーを卸していた時期があったようだ。猪田氏の甥で、のちに三条店を任される猪田彰郎《あきお》氏の回想によれば、「四条河原町にある喫茶店なんかへ、自分で焙煎したコーヒーを卸してはったそうです」（『イノダアキオさんのコーヒーがおいしい理由』アノニマ・スタジオ、2018年）という中の一軒に含まれていたと思われる。これは筆者の推測だが、《フランソア喫茶室》は開店時には猪田七郎氏からコーヒー豆を仕入れていたが、戦後は猪田氏が喫茶専業としたため、《大洋堂珈琲》に替わったのではないだろうか。

7　カフェーの衰退と純喫茶の隆盛

《リプトン》創業者の福永兵蔵氏は、「大正から昭和の初めにかけては（中略）カフェー全盛時代で、ティールームに一般客が来ることはほとんどなかった」(『食に歴史あり』産経新聞出版、2008年)と述べているが、昭和も10年代になると一転。1935年(昭和10年)の京都帝国大学新聞に、「事実近頃目ざましいのはこの喫茶店の発展ぶりだ。末梢カフェーがこの喫茶店の圧力に押され、或は大衆食堂風に或はおでんや式に転向し、断末魔の悲鳴をあげている」(『史料京都の歴史5 社会・文化』平凡社、1984年)との記事も見られ、徐々にカフェーの勢いに陰りが見えはじめる。

実際、大阪で《カフェーマルタマ》を経営した木下彌三郎氏の回顧によると、昭和4、5年頃には世界恐慌による不況のあおりを受け、「カフェー業界は斜陽をかこっていて、東京では名門のタイガー、サロン春、交洵社、大阪では美人座、ユニオン、日輪など大手の廃業が続出するという状態」であったという(『奔馬《ほんば》の一生』出帆社、1976年)。

また、この頃のカフェーでは店内での女給の濃密な接触サービス、客が同伴して外出するなどエスカレートするサービスが社会問題として衆目を集め、警察の取り締まりの対象ともなっていた。1935年9月16日付けの『京都日出新聞』には、喫茶店が都市生活に欠かせない尖端的な存在として注目した記事に、「あのアクドイ、キャフェーが飽かれた跡に颯爽《さっそう》と台頭して来た」といった対比も見られた。こうした風紀の問題に触れ、1929年、自らもカフェーを愛用した哲学者の九鬼周造《くきしゅうぞう》がエッセイに持論を展開している。伝統的な茶屋や待合と比較して、時間、費用面において経済的で、高い知識を備えた女給を置くカフェーの優越性を説きつつ、「茶屋、待合に対するよりも多くの圧迫をカフエーに加えることは民衆性と近代性とを無視する点において明らかに大なる時代錯誤である」と、カフェーの一方的な弾圧を批判した。

それでも、1933年には東京で「特殊飲食店営業取締規則」が、翌年に京都で「カフェー営業取締規則」が制定されるなど、さらにカフェーへの風当たりは強くなっていった。1936年の『京都料理新聞』には「京都喫茶同業組合」創立を呼びかけた記事があり、組合創立の目的に、「喫茶店のカフェー酒場類似営業の排撃」を謳い、準備委員として《リプトン》、《フランソア喫茶室》の名も見られる（『京都料飲十年史』）。とはいえ、1914年（大正3年）生まれの国文学者・池田彌三郎によれば、そうした喫茶店の純化にも一長一短あったようだ。

「純喫茶という、変な語もあった。それは、アルコールを売らない店ということを、店外に誇示する必要からでた語だったらしいが、戦前の風紀のとりしまりはひどくやかましくて、喫茶店にいる少女は、決して客のそばに座ることは許されなかった。われわれは腰かけて、かたわらに立ったままでいる少女に話しかけるのだから、骨が折れた。それも店主がやかましいと、時間の制限があって、三分間以上は、一人の客についていてはならぬというきめの店もあった。女の子とそこで話すのに、まるで、電話の、一通話みたいなものだった」

（『私の食物誌』新潮文庫、1965年）

こうした紆余曲折はありながら、喫茶店は街に欠かせぬ場所となり、「名曲をきかせる音楽喫茶、明朗とアットホームを売物にするような開放的な店、光線の採れぬのを利用した薄暗い落着きのある喫茶、頽廃《たいはい》的な美しさを持つメッチエンでうるほひのない学生の心をひくメフイスト的喫茶、或《あるい》はジヤズガールズアンドアトモスフエアと看板に書き立てた挑発的なセミ純喫茶、母娘喫茶、それに食事と喫茶、パンと喫茶、喫茶と酒場と他の要素と結合していても喫茶店たることの妨げにはならぬ」（『史料京都の歴史5 社会・文化』）とみなされた。すでに喫茶店と異業種の組み合わせは盛んに行われ、さまざまに形を変えて浸透していったことがうかがえる。カフェーに代わって増えてきた喫茶店を支持したのは、京都の伝統産業を支える商家や職人、そして大学をはじめとした多くの学校の教員や学生といった市井の人々だった。現在も京都には、街区ごとに当時の土地柄が色濃く残っており、それぞれに特色ある喫茶文化が根付いていくことになる。

しかし、そんなムードも1938年を境に一変。苦難の道をたどることになる。同年に日中戦争が勃発し、コーヒー豆の輸入制限が始まった。1939年に国家総動員法が公布され、戦時体制が強まる中、すべての商品が配給制度となり、1941年に農林省（当時）は「代用珈琲統制要綱」を告示。コーヒーに大豆、カボチャの種などを炒って混ぜ合わせた代用コーヒーの使用を余儀なくされる。さらに、戦時中は敵性語の排除が厳しくなり、《バックストリート》と名乗っていた《築地》は、この時に近くで営業していたバーの名を併用。各々を《築地東》、《築地西》とし、そののちにバーを閉じたことで、現在まで喫茶店として《築地》の名を継承している。他にも、《フランソア喫茶室》が《純喫茶 都茶房《みやこさぼう》》、《リプトンティールーム》が《大東亜《だいとうあ》》と、名を変えて営業する店もあったが、1943年のコーヒー輸入途絶が、喫茶店の閉店、廃業に拍車をかけた。それでも、直接の戦火を免れたことで、昭和初期に創業した老舗が数多く残ったことは、京都の喫茶店史において不幸中の幸いだったといえるだろう。

第二章

喫茶文化の醸成と焙煎卸業者

1945-1960

CHAPTER 2

Coffee Culture Promotion and Coffee Roasting Wholesalers

1 戦後の復興を告げたコーヒーの香り

第二次世界大戦末期、日本の大都市は次々と空襲に遭い、1945年（昭和20年）8月15日、終戦を迎えた。輸入制限が続いていたコーヒーは、まだ闇市でしか入手できなかったが、翌年になると、進駐軍払い下げのコーヒーが市場に出まわりはじめた。それでも数は少なく、各地に軍用の滞留コーヒー豆があったといわれている。この頃、群馬県で「食べられない豆が蔵から大量に出てくる」との新聞記事が出て、それがコーヒーだと察知した焙煎業者が殺到するという事件も起こったほどで、コーヒーを渇望していた焙煎業者は全国を駆け回り、貴重な原料を獲得する動きが激しくなった。

その中で、京都の街にいち早くコーヒーの香りを取り戻したのが、終戦の2年後、喫茶店として新たに開店した《イノダコーヒ》だ。主の猪田七郎氏は戦時下の1943年に招集されて、一時は店を畳んだものの、終戦の翌年に帰京すると、幸いにも残っていた生豆をもとに再開。物不足のなかにあって、コーヒー好きが焦がれた〝本物の味〟をいち早く届けたい。

その思いから新たに開店したコーヒーショップが、今に続く京の名店の原点だ。

とはいえ、電気もガスもない終戦直後、七輪《しちりん》に木材とコークスを使い、炮烙《ほうらく》で焙煎したり、湯を沸かしたりしていた時期もあった。当然、コーヒーはまだまだ贅沢品だったが、その中で《イノダコーヒ》のコーヒーは当時1杯5円。代用コーヒーが同額で供されていた時代に、正真正銘のコーヒーが飲めるとあって、呉服業界の旦那衆や文化人を中心に評判が広がった。この頃は近隣に自転車で出張販売も行い、10坪ほどの小さな店は、またたく間に界隈のサロン的な空間として欠かせぬ存在となっていった。

西洋風の優雅なフロアに、向こう三軒両隣まで掃き清められた店先、白衣に蝶ネクタイ姿のスタッフの折り目正しい立ち居振る舞い。喫茶店のレベルをはるかに超えたサービスは、初代の意志が受け継がれたものだ。老舗喫茶の哲学は、客の記憶のみならず、ここから巣立った多くの後進にも受け継がれている。その一人である《前田珈琲》の創業者・前田隆弘さんは、昭和40年頃の修業時代をこう振り返る。

「仕事初日はホールで声を出すだけでかなりきつかったですね。当時は喫茶店などいい加減な接客をしていると思い込んでましたが、身なりもきちっとしていて、ホテル並みの接客を教えられた。新米は詰襟のボーイコートがあり、位が上がると蝶ネクタイとジャケットが与えられるんです。お客さんは芸能界や旦那衆が多く、特に朝は常連ばかり。注文を取っても何も言われないから、名前と顔をメモしてオーダーを記憶するのに必死でした」

こうした《イノダコーヒ》ならではのもてなしを体現するのが、定番のブレンドコーヒー「アラビヤの真珠」。モカをベースにした、ネルドリップのまろやかな深煎りの香味は、創業時から変わらぬ店の顔だ。今でこそ、注文時に好みを聞かれるが、あらかじめミルクと砂糖を入れて供するのが、《イノダコーヒ》のスタンダード。かつては商談や歓談の場として愛用する客が多く、話す間にコーヒーが冷めるとうまく混ざらないことがしばしばあった。そこで、初めからコーヒーの味の調和を考えて配合したのが始まり。ぽってりと厚みのある高台付きのカップも、「最後まで温かく、おいしいコーヒーを」と試行錯誤を重ねたオリジナルだ。

1956年に、常連となった吉村公三郎監督の映画『夜の河』のロケ地となり、このヒットを受けて以後、数々の映画の舞台として登場。全国にその名が知られるようになり、今では「京都の朝はイノダコーヒの香りから」のキャッチコピーで、京都の喫茶店の顔となった《イノダコーヒ》。戦後まもなく、コーヒー好きに夜明けを告げたこの店は、今も、京都の喫茶文化の象徴として、国内外から訪れる多くの客を迎えている。

コーヒーの香りに誘われたのは、室町の旦那衆だけではない。戦後の物資不足により、洋食店《スマートランチ》から喫茶主体になって名を改めた《スマート珈琲店》には、映画関係者がいち早く訪れていた。1949年にデビューした、まだ少女時代の美空ひばりが訪れたことがきっかけで、榎本健一（エノケン）や古川緑波（ロッパ）といった昭和の名優たちも、常連になっていったそうだ。

「終戦後すぐのころは、初代である祖父が神戸に出向き、豆を背負って持って帰って焙煎した時もあったようです」とは3代目の元木章さん。入口横に鎮座するプロバット製焙煎機は、そこから数えて4代目にあたる。毎朝、焙煎するオリジナルブレンドのコーヒーは、各々の豆の個性を引き出しながら5種類を配合。2日間寝かせ、ネルドリップ10杯取りで〝飲みごろ〟を提供するのが《スマート珈琲店》の流儀だ。

「すぐにカップに入れると最初と最後の味に差が出ます。あえて5分ほど置くことで最後まで変わらず、冷めてもおいしいんです」。

すでに20年以上の焙煎経験を持つ元木さんだが、先代の茂さんから手取り足取りの指南など一切なし。文字通り背中を見ながら、実践を繰り返す中で体得してきた。また、この職人気質の一杯を求めて訪れた映画関係者が、当時まだ貴重だった卵や小麦粉を持ち込み、「何か作ってほしい」と頼んだことで、初代の奥方がホットケーキやワッフル、プリンなどの名物メニューを考案。今もそのレシピを継承している。

戦後は日本映画全盛期で、映画館の最終上映がはねる時間に合わせて、8時から22時まで開店。小学生の頃から店を手伝っていた2代目の茂さんによれば、「昔は、朝から髷のカツラと刀を差したロケ前の役者が来ていたり、歌手で俳優の田端義夫さんがロケ車を店に前づけして出かけて、周りに怒られたり、あの頃は一番面白かった」と振り返る。また茂さんは、学生だった昭和30年代、店に入るかたわら通訳の仕事をしていた時期があり、ジョン・ウェインが『黒船』の撮影で来日した時に案内役をしたり、女優のブルック・シールズがお忍びで訪れたりしたこともあった。

「彼女はさすが〝世界一の美女〟やったなぁ……。結局3回くらい来てくれたけど、トーストの焼き加減が細かくて。焼いたものを持っていって『こう?』と、いちいち見せて確認してね。当時、サインをせんことで有名やったけど、OKしてくれたからダーッとまとめて書いてもらって。近所の人に分けたら、うちの分が一枚も残らんかった……」

数々の華やかな逸話に〝映画の街〟京都のかつてのにぎわいが偲ばれる。

2 新たな歓楽街に生まれた名物喫茶

戦後は京都の盛り場にも大きな変化があった。それを象徴したのが木屋町通の活況だった。界隈には戦災を免れた木造家屋を転用して飲食店などが次々に開業、小さな部屋に店が寄り合う「会館型」の店が急増し、路地にはネオンがひしめきあった。以降は、四条小橋、立誠小学校周辺が京都の夜の顔として定着する。一方で、祇園ではお茶屋が激減し、入れ替わるように祇園東や先斗町にバーやナイトクラブが進出。にぎわいの中心は伝統的な花街から、新興の歓楽街へと移っていった。その間に戦時中の物資統制が解け、コーヒーが徐々に手に入るようになるにつれ、この界隈にも新たな喫茶店ができはじめる。5年ぶりに祇園祭山鉾巡行が復活した1947年（昭和22年）、歓楽街の新名所となった四条小橋界隈に、いち早く開店したのが《珈琲家あさぬま》と《喫茶ソワレ》だ。

《珈琲家あさぬま》の歴史は、現当主の浅沼健夫さんの曾祖父が明治期に大阪・道頓堀で開いた写真館にまでさかのぼる。続く2代目が《アサヌマ写真工芸社》を立ち上げ、その親族

《珈琲家あさぬま》の浅沼健夫社長

が河原町蛸薬師で写真館を開業。戦中に移転した四条小橋の店が、《珈琲家あさぬま》の原点だ。健夫さんの父である3代目の守さんは、酒が飲めない代わりにコーヒー好きで、当時、《スマート珈琲店》へ毎日通っていたのが縁で、写真館の1階を喫茶店に改装。コーヒーに関することも学んだそうで、「うちのコーヒーの原点はスマート」とは健夫さんの弁。繁華な場所にあり、人の流れも絶えなかったため、開店後は百貨店や映画に出かけた帰りの客や祇園へ繰り出す人々、界隈の商店主なども訪れ、1日に何回もピークがあったという。1952年には支店となる御旅店も開店。この頃から、《珈琲家あさぬま》の名物となったのがウィンナ珈琲だ。守さんが牛乳販売店の友人を伝って、終戦後に貴重だった本物の生クリームをのせて提供。まろやかな味わいで夜でも飲めると女性客から好評を博した。

ところで《珈琲家あさぬま》は、終戦直後の喫茶店業界に大きな貢献を果たしている。当時、喫茶店では砂糖の供給不足から、サッカリン（人工甘味料）などで代用していた。状況を改善するため、守さんは同業の仲間を募って陳情のため上京したが、「単なる親睦団体では供給は約束できない」との返答を受けた。この一件を機に、1948年頃に、協同組合「京都喫茶店連盟」を発足。最初のメンバーは、守さんと《リプトン》創業者の福永兵蔵氏。そして、戦前に大阪で《カフェーマルタマ》を手がけ、のちに滋賀・大津に観光旅館《紅葉パラダイス》を開いた木下彌三郎氏が名を連ねた。ちなみに陳情が奏功したようで、東京から京都に戻ると、案に反して砂糖が大量に届いていたという。「京都喫茶店連盟」は、「京都府喫茶飲食生活衛生同業組合」と名称を変えて継続し、現在、健夫さんが理事長を務める。

一方、高瀬川のほとりに立つ《喫茶ソワレ》の創業者は、もともとは花遊小路で趣味雑貨を扱う《元木屋》を営んでいた。一時は画家を志したほどの美意識と、芸術を通して生まれた親交と数多のコレクションなくしては、この店の存在はなかっただろう。壁や柱を埋め尽くす彫刻は、日展作家でもある池野禎春《さだはる》。壁を彩る絵画は東郷青児《とうごうせいじ》をはじめ、「二科会」会員の佐々木良三、鶴岡良雄と、数々の芸術家の名が挙がる。さらに染色家・上村六郎の勧めによって、青き明かりを灯した喫茶店は、空間そのものが芸術品と言って過言ではない。中でも、縁が深いのは、独特の美人画で名を馳せた東郷だ。熱心なコレクターであった初代とは、創業前から交流があり、開店にあたっての相談もしていたと聞く。東郷自身も、《喫茶ソワレ》にはたびたび足を運び、以後もこの店のために美人画を描いた。

この店の青い光が「女性を美しく魅せる」と言われて久しいが、実は開店当初は男性客がほとんどだった。今や観光客が訪れる名所となったが、その頃の界隈はまだ盛り場の空気が色濃かった。そこで「女性向けのメニューを」と、2代目の奥様が40年前に考案したのがゼリーコーヒーだ。当時、目新しかった、ドリンクにゼリーを浮かべるスタイルが好評を得て、のちにさまざまなドリンクにアレンジ。中でも、青い光に映えるカラフルなゼリーポンチは、いまや女性の注文が絶えない《喫茶ソワレ》の名物となっている。意匠からメニューまで、眼福に満ちたこの店が、輝きを増すのは黄昏時《たそがれどき》。店先に立つ歌人・吉井勇《いさむ》の自筆の歌碑が伝える通りだ。

珈琲の香にむせびたるゆうべより　夢みるひととなりにけらしな

宵闇《よいやみ》に冴えるブルーに抱かれた静謐な空気は、「夜」を意味する店の名にふさわしい。

また、現在は八坂神社門前に店を構える《喫茶カトレヤ》も、戦前の１９４３年頃、四条通を下がった高瀬川のほとりにオープンしている。現オーナーの祖母に当たる女性がはじめ、70年代には祇園へと移った、知る人ぞ知る老舗だ。移転後は、八坂神社に湧き出るご神水と同じ水脈の井戸から汲み上げた水をコーヒーに使い、店内中央にはかつての井戸の跡がシンボルとして残されている。

新たな歓楽街・木屋町の界隈には酒を飲ませる店も多かったが、コーヒーを飲ませる店もまた多かった。とりわけ四条小橋周辺に残る老舗は、戦中の紆余曲折と戦後の喫茶店復興の記憶を伝える貴重な存在だ。

3 戦後に相次いだ地元焙煎卸業者の創業

いち早く復興しはじめた喫茶店とともに大きな画期となったのが、コーヒー卸業者の相次ぐ創業だ。1947年に《三喜屋《みきや》珈琲》、その翌年に《ギンカコーヒー》、1950年に《キョーワズ珈琲》、《玉屋珈琲店》といった、地元でお馴染みのロースターが、この頃にほぼ出揃っている。

この中で、《三喜屋珈琲》《キョーワズ珈琲》《玉屋珈琲店》の3社は、いずれも創業者が滋賀県竜王出身という同郷であり、遠い親戚関係にあたる。各々に伝え聞くところによると、戦

創業当時の《三喜屋珈琲》。店内には焙煎機が見える

後、《三喜屋珈琲》の初代・園田重一氏がほかの2人を誘い、1924年（大正13年）創業の大阪の老舗コーヒー輸入販売会社《ハマヤ》に入社。《ハマヤ》の創業者も同じ滋賀県出身であり、いわば同郷の縁での集団就職のような形だったという。ともに経験を積んだのちに独立した、京都の老舗焙煎業者の創業には、意外にも近江商人のネットワークが大きく影響していた。

最も早く創業した《三喜屋珈琲》は、当初は寺町通松原あたりで、喫茶と焙煎卸売りをはじめ、自転車とリヤカーで豆を配達していた。その後は堺町通四条に移転し、いち早く店にテレビを置いたが、力道山の中継に人が集まりすぎたことで営業がままならず、喫茶をやめて卸一本に集中。

「当時はスーパーなどにコーヒー豆が並ぶことはなく、喫茶店だけが卸の得意先でした」

創業者の息子で、現在は同社顧問の園田良三さんは振り返る。卸先を増やす一方で、近江商人にルーツを持つ《髙島屋》創業家の飯田氏と懇意だったことから、京都・大阪の《髙島屋》

内に出店する。豆の販売に併設したスタンドをいち早く導入し、のちにペーパードリップ一杯立てで提供する「ワンドリップカフェ」が評判になった。自社の豆を使って家庭で淹れる方法を目の前で実演することで、常連を増やし、相乗効果で販路を拡大。時代とともに喫茶店は減少傾向にあるが、長年、関西エリアの《髙島屋》で豆を販売してきた信用とブランド力は、《三喜屋珈琲》の大きな強みになっている。

一方、《キョーワズ珈琲》は総合商社《共和食品株式会社》として始まり、コーヒー輸入が再開された1950年に、コーヒーの卸売り業をはじめた。誰もが簡単に飲めない時代、創業者はより多くの客にコーヒーの魅力を伝えるべく、百貨店でのコーヒー販売に注力し、創業してまもなく《大丸京都店》に出店。その後、1953年には、大丸百貨店の九州1号店として開業した《博多大丸》(現大丸福岡天神店)にも出店を果たし、百貨店でのコーヒー量り売りスタイルの先駆けのひとつとなった。この実績をもとに徐々に販路を広げ、九州で20店舗以上の百貨店に展開。ドリッパーなどのコーヒー器具も合わせて販売し、家庭でのコーヒー普及を進めた。

《三喜屋珈琲》《キョーワズ珈琲》が百貨店中心だったのに対して、《玉屋珈琲店》は一貫して、レストラン、喫茶店への卸売りを主としてきた。終戦で引き揚げた創業者・玉本喜久二氏は、木屋町三条に個人商店として《玉本商会》を開き、コーヒーとココアを専門に販売。代用コーヒーが多かった時代、〃ほんまもん〃の触れ込みで売り出した。その後、高倉通に移転し、1階が焙煎所、2階を自宅として営業。当初は小売りをせず卸専業だった。

「家にいると下から焙煎の煙で燻《いぶ》されて、その煙が体に染み込んでたから、学校で『いい匂いするな』ってよく言われました」

2代目の玉本久雄さんは語る。

かつては、自店で配合したブレンドを持って店を回るのが《玉屋珈琲店》の営業スタイルだったが、徐々に喫茶店のオリジナルブレンドを作る機会が増加していく。個人店をきめ細かくサポートし、自信をもって出せる味作りに手間ひまを惜しまない。規模的に小回りが利き、細かなオーダーにも対応できるのが《玉屋珈琲店》の何よりの強みだ。さらに1987年からは、「店の特徴となる商品を」と、オーガニックコーヒーを販売。東京のオーガニック食品企業と縁を得て生まれたコーヒーは健康志向の時代を先取りし、やがて看板商品になった。今や、遠方からのオーダーも少なくない。

とはいえ、《玉屋珈琲店》の真価は、世代を問わず地元の喫茶店から寄せられる厚い支持にある。膨大な数にのぼる卸先のブレンドレシピの蓄積が何よりの証左《しょうさ》。後述することになるが、細やかな仕事と親身な姿勢で数々の老舗、名店を支える《玉屋珈琲店》は、京都の喫茶店文化の影の立役者といっても過言ではない。

さらに、1947年には、五条通東洞院《ひがしのとういん》に《ギンカコーヒー》の京都店が開業する。《ギンカコーヒー》は1928年、大阪の鰻谷で《コーヒー卸売専業 ギンカ商店》として創業。もともと株屋だった初代・石井竹三郎が、大阪歌舞伎座あたりの喫茶店で味わった5銭のコーヒーとドーナツに感動し、コーヒーの将来性を見込んで転身したのが始まりだ。当初から「高級コーヒー」を打ち出し、喫茶店だけでなくレストランやホテルなどに販路を拡大。卸先には、1910年（明治43年）創業の大阪平野町《ビフテキのスエヒロ》、戦後に関西財界の若手経営者が組織した大阪・堂島《クラブ関西》といった名が挙がる。京都では祇園の喫茶店《ノーエン》《グリル富士屋》などにも卸していた。石井氏はハイカラで知られ、従業員の制服も胸に「Ginka」とローマ字をあしらうなど、機を見るに敏で進取の気性に富んだ人柄がうかがえる。

石井氏は太平洋戦争中に急逝したが、1931年から丁稚《でっち》として修業を積んだ生え抜きの半浦《はんうら》明氏が、戦地から引き揚げてすぐ2代目として事業を継承。大阪に比べ空襲の被害が少なかった京都で再開を果たした。卸売部門に喫茶店を併設し、2年後に大阪の本店も復活。焙

煎機は鉄工所で似たような構造のものを依頼して当座をしのぎ、のちに四条富小路《とみのこうじ》通あたりに卸売り部門を移転した。実は、1954年には喫茶店の直営にも乗り出しており、木屋町に大型高級喫茶《プリンス》を開業。2階建てのフロアで、螺旋《らせん》階段の吹き抜けに大きなシャンデリア、ガラス張りの重厚なドアの側にはドアボーイが立った。この時、ボーイを務めていたのが、金沢から中学卒業とともに丁稚奉公で入社した現在の社長・濱田武雄さん。半浦氏と同じく生え抜きの3代目だ。

戦後に再開した頃の《ギンカコーヒー》のポスター

半浦氏について濱田さんはこう語る。

「とにかくコーヒーのことをよく知っていて、味に厳しい方でした。口に残らないすっきりした味を目指して、特にモカ・マタリにこだわっていました。ほとんどのブレンドに使われていて、〝《ギンカコーヒー》と言えばモカ・マタリ〟というイメージが浸透しました」

その後、半浦氏はブラジルをはじめ産地の視察にも熱心で、「常々『いいものを食べないとうまいコーヒーは作れない』と言って、いろんな料理店に行くことも多かった」と濱田さんは振り返る。のちに卸業者の価格競争やサービス合戦が過熱した折も、品質本位を貫いたという半浦氏の実直な人柄は、自ら考案したキャッチフレーズ「高い品格、ソフトな味覚」にもうかがえる。

これらの4社から少し遅れて、「OC」のロゴマークでおなじみの《小川珈琲》が創業する。創業者・小川秀次氏は、太平洋戦争で出征した戦地、ラバウルでコーヒーと出合い、引き揚げ後の1952年、個人営業でコーヒーの卸売り事業をスタート。高倉通六角に《小川珈琲株式会社》を設立した当初の従業員は、社長含めわずか3人だった。

「一粒の豆を大切に、一人ひとりがコーヒーのプロになれ」をモットーに、本物の味を届けるべく、喫茶店、ホテル、飲食店などを訪ね、地道に支持を広げた。初代がバイク好きだったこともあり、当時の営業スタイルは、車ではなくスポーツタイプのバイクを使用。一度に大量の豆を積むことができないため、木箱で荷台を作って後部に設置し、さらに座席の前後にも荷物を積んで配達に駆け回った。注文に配達が追いつかない時は、会社と取引先を一日に何度も往復して対応。時には焙煎が追いつかず、焙煎したての熱々の豆を紙袋に入れて配達したこともあったという。

ところで、不思議なことにこの頃創業した焙煎業者は、ほとんどが四条通の北側、高倉通から柳馬場《やなぎのばんば》通周辺に集まっていた。四条通から北に向かって《三喜屋珈琲》、錦《にしき》通には《玉屋珈琲店》、蛸薬師《たこやくし》通には《ギンカコーヒー》《イソベ珈琲》（現在閉店）、三条通には《イノダコーヒ》と連なり、さながら〝ロースター銀座〟の様相に。今では想像もつかないが、当時、通りに満ち満ちていた香ばしい焙煎の煙は、京都のコーヒーシーンに新時代を告げる狼煙《のろし》でもあった。

４　日常を潤したコーヒー専門店と名曲喫茶

１９５６年（昭和31年）の経済白書で「もはや戦後ではない」と謳われた昭和30年代。神武景気に乗って戦前の勢いを取り戻し、コーヒー豆の輸入が再開された１９５０年頃から、喫茶店も本格的に復興しはじめる。喫茶店は若い世代のたまり場として人気を博し、昭和30年代に開業した喫茶店は全国で5万軒超に上った。コーヒーが再び日常生活に戻ってきたのだ。

その中の一軒に、《六曜社珈琲店》があった。《六曜社珈琲店》の始まりは、初代店主の奥野實《みのる》氏が中国・大連、当時の満州国で開いた屋台のコーヒー店にさかのぼる。戦前、家族とともに開拓民として海を渡ったが、「終戦後、すぐには帰れないし、食わなあかんから、他に商売は思いつかんかった」と、その名も《小さな喫茶店》を現地で開店。当時、「東洋のパリ」と呼ばれた大連の目抜き通りに自作した屋台のような店だった。その頃、中国のほうが焙煎済み豆のストックは多かったらしく、軍の放出品の豆を調達し、残留邦人を相手にネルドリップのコーヒーを供した。

「湯はアルコールランプや練炭を使うロシアのサモアールを使って。物がなかったからズロースでドリッパーを作ったこともあった。かえっておいしかったかもなあ」

笑いながら語る思い出話にも、往時の苦労が偲ばれる。その後は、《レインボウ》という喫茶店を2、3か月営業。電気蓄音機からクラシックが流れる店は、今の《六曜社珈琲店》に近い雰囲気だったそうだ。

約10年の大陸暮しから帰国後、故郷の京都に戻り、河原町三条のビル2階に《コニーアイランド》の名で喫茶店を再開。その後、現在の地下店の場所に移転し、屋号も《六曜社珈琲店》と改めた。コーヒーが輸入再開されたとはいえ、まだ貴重品だった当時、實氏はまだ個人商店だった《小川珈琲》の小川秀次氏に頼んで豆を仕入れて以来、長年の付き合いがあったという。繁華街にあって、どちらかというと気取らぬ喫茶店だったが、従業員はホテル並みの接客と清潔感を崩さないのが實氏のモットー。この老舗の原点にある姿勢こそ、学生やサラリーマンから学者、芸術家まで、幅広く雑多な客層に変わらず愛される所以だ。

《六曜社珈琲店》の創業者・奥野實氏

また、《六曜社珈琲店》と同じ年に、裏寺町に創業した《はなふさ珈琲店》は、京都のサイフォンコーヒーの草分けとして話題を呼んだ一軒。もとは創業者の妻が営む同名のおでん屋の隣で開いたのが始まりだ。当時は、東京でもサイフォンを使う店がまだ少なかった時代。ほの暗い空間にカウンターとテーブルひとつだけの小さな店は、目の前で1杯ずつ淹れるパフォーマンスの妙も相まって、遠方から訪れる客も珍しくなかった。中には、太秦で撮影中の俳優や大学教授といった名士の姿も見られたという。

また、創業当時、多種類の生豆を混ぜて焙煎した豆を「ミックス」と呼んだ頃から、銘柄ごとに焙煎した豆を合わせる「ブレンド」にこだわり、水出し抽出のコーヒーの技法を考案するなど、専門店として新たなコーヒーの楽しみを提案してきた。さらに、独自に考案したオリジナルの抽出法、〝ツバメ返し〟も味の要のひとつ。一度、沸き上がったコーヒーを攪拌《かくはん》後、火を止めて、下のフラスコに落ちはじめるや否や、再び過熱して上げる。この独特の抽出方法が、どっしりとした飲み応えと、濃密な味わいの秘訣《ひけつ》だ。琥珀色の液体を次々に上下させる職人の手技は、見ていて飽きることがない。熟練の技で抽出するコーヒーは、苦味の「サントス」、酸味の「コロンビア」、香りの「モカ」という3種のブレンドが、今も昔も変わらぬ定番。中でも、一番人気のサントスブレンドは、「この味でないとダメ」という根強いファンを持つ店の顔だ。

現在の《はなふさ珈琲店 イースト店》は、実は1983年に先代から独立した2代目の山本一夫さんが、《山本屋コーヒー店》として続けてきた店で、本店の閉店を機に屋号を受け継いだ。本店の閉店まであえて《はなふさ》の看板を掲げなかったのは、「先代の名前で商売したくなかった」という意志の現れ。時代を経てもモーニングやランチの類も置かず、あくまでコーヒー専門店を貫くスタンスは揺るぎない。

同時期には、1952年に、華麗なステンドグラスで評判を取った祇園・南座裏の《純喫茶ラテン》、いち早くブラウン管テレビを導入した《ユニオン》が開店。さらには、京都で最初にエスプレッソコーヒーを供したといわれる、1959年創業の《ちきりや》も話題となった。その中でも、《ちきりや》は《六曜社珈琲店》にほど近い河原町通沿いにあって、ガラス張りの店内に、コの字型のカウンターのみ、中央にイタリア・ガジア社のレバー式エスプレッソマシンが鎮座する、スタイリッシュな店構えで目を引いたという。

また、戦時中は敵性文化として禁じられた西洋の音楽も喫茶店に戻ってくる。1946年に《クンパルシータ》、1954年に四条西木屋町の《みゅーず》、出町柳の《名曲喫茶 柳月堂》と、次々と名曲喫茶がオープン。コーヒーのみならず文化、芸術に飢えた人々の生活を潤す場となった。

戦後、最も早く開業した《クンパルシータ》は、アルゼンチン・タンゴの名曲「ラ・クンパルシータ」を冠した店名通り、タンゴ、ラテンミュージックが聴ける喫茶店として稀有な存在だった。1960年頃に改装され、昼なお薄暗いバロック調の空間、緋色のベルベットの椅子が独特のムードを醸し出していた。母親がはじめた店を長らく守ってきた2代目店主の佐藤美江さんは、熱烈なタンゲーラ（タンゴ好きの女性）で、自らもダンスを学び、収集した多くのレコードやカセットテープを店内で流し、往時は夜に訪れる客でにぎわったという。

《クンパルシータ》のほど近く、高瀬川のほとりに開店した《みゅーず》とともに、戦後の名曲喫茶の先駆けとなったのが《名曲喫茶 柳月堂》。はじめは出町柳駅前にベーカリーとして開店。クラシックファンであった創業者・陳芳福さんが、併設のミルクホールで音楽を流したのが好評を博し、1、2年で店が軌道に乗ると2階で本格的な喫茶店を開業。名曲喫茶の草分けのひとつとなった。まだオーディオやレコードが高価だった時代、京都随一の広さを誇る鑑賞専用の空間は、友人に依頼した手作りのスピーカーに向けてすべての椅子を配置。名曲の数々を大音量で聞けるとあって、京大や同志社、立命館などの学生や教授、演奏家の卵が集い、たちまち音楽愛好家の〝聖地〟となった。コーヒー1杯250円の時代、何時間でも長居できることもあり、一番にぎわっていた頃には〝立ち聴き客〟が出るほどの人気を博した。時には、音大の教授が特別授業と称して、講義の合間に学生を連れて訪れることもあったという。創業時はちょうどLPレコードが普及しはじめた頃。「3B」と呼ばれたカフェ、バッハ、ベートーベン、ブラームスをはじめ、店に置かれたレコードは3千枚におよび、常連客が持ち込んだものも含めると現在では1万枚近くになる。

最盛期には市内に名曲喫茶が50軒近くあった。ジャンルは、シャンソン、中南米、ブルースなど幅広かった。だが、1970年代に入る頃には、新たな音楽ジャンルの台頭と家庭へのオーディオの普及もあり次々に姿を消す。1981年には《名曲喫茶 柳月堂》も一度は閉

《名曲喫茶 柳月堂》のリスニングルーム

店を余儀なくされた。それでも、熱烈なファンの思いに応え、2代目の陳壮一さんが、音響機器も一新して2年後に再開。店内は「談話室」と私語厳禁の「リスニングルーム」に分かれ、五線譜《ごせんふ》のノートには思い思いのリクエストが連なる。静けさを保つために数え切れない決まりがあり、音楽を愛する人の楽園であり続ける。

第三章

喫茶店の派生と新時代の予兆

1960-1990

CHAPTER 3

Derivation of Coffee Shops and Predictions of a New Era

1 学生運動の拠り所となった喫茶店

1964年（昭和39年）の東京オリンピック開催や東海道新幹線開業などを経て、日本全体が急激な躍進を遂げた60年代。京都でも1964年に京都タワーが完成し、国立京都国際会館や山科《やましな》の清水焼団地の開発などが相次いだ。また、1963年に阪急電鉄の大宮～河原町間が開通、名神高速道路も栗東《りっとう》～尼崎《あまがさき》間が開通し、京都南・東ＩＣが設置され、市内の人の流れも大きく変わっていった。

ただ、60年代に入ると、日米安保条約改正に反対する学生運動が活発化。1960年の国会突入デモを機に抗議行動は過熱し、学生の街・京都でも全学スト、学園封鎖などが行われた。60年代半ばになるとベトナム戦争反対などの運動を通して、学生運動は再び勢いを増し、1968年頃から東京大学で始まった全共闘運動が全国に広がると、大学の大半が紛争状態となった。

安保闘争が最も激しかった京都大学の間近にあった《進々堂 京大北門前》では、今出川通に火炎瓶が飛び交うこともあったが、常連の京大生がベニア板でバリケードを作って被害から守ったという。また、石や竹槍を持った学生が蝟集《いしゅう》する中、《小川珈琲》の社員が近くの喫茶店に豆を配達中に車がなくなり、後日、負傷者を運ぶために学生が使っていたのが分かった、という逸話も残っている。

学生運動の盛り上がりとともに、市内の喫茶店はそうした学生たちがたむろする活動拠点となった。中でも、東の《風月堂《ふうげつどう》》と並び称された《六曜社珈琲店》は、反体制の若者が集う場として時代の渦中にあった。《六曜社珈琲店》は1969年に、同じビルの1階に店舗を移し、地下は夜のみ営業するバー《ろくよー》に改装。紫煙が立ち込め、議論と喧噪の声が行き交う店には、『二十歳の原点』で知られる高野悦子や、若き日のフォークシンガー・高田渡らの姿もあった。1969年から2年ほど関西で活動していた高田は、1971年に《イノダコーヒ》のことを歌った「珈琲不唱歌（コーヒーブルース）」を発表している。

時代は下がり1970年代初頭、下火になりつつあった大学紛争、反戦運動の拠点となったのが、出町の《ほんやら洞》だった。浅間山荘事件が世を騒がせた1972年、写真家の甲斐扶佐義《かいふさよし》が仲間とともに開店。それ以前から移動大工集団として、岩国の反戦喫茶《ほびっと》などの工事に携わっていた面々の中には、〝フォークの神様〟と呼ばれた岡林信康、作家の中川五郎らもいた。2階に文化活動のためのスペースを備え、フォークライブ、オーラル派詩人たちのポエトリー・リーディングなどを行い、学生運動、関西フォークに関わる若者にとって新たな拠り所のひとつとなった。岡林が美空ひばりに提供した楽曲「月の夜汽車」の試し弾きを披露したり、詩の朗読会の録音がレコードや書籍として世に出たりと、混沌とした時代の中で幾多の逸話を生んできた。2015年（平成27年）、火災により建物が全焼し店を閉じたが、今も〝伝説の喫茶店〟として語り継がれる存在だ。

同時期に、学生運動などのカウンターカルチャーのシンボル的な存在となっていたのがジャズ喫茶だ。海外からもたらされた先鋭的な音楽を求めて若者が集い、混沌とした時代の空気を色濃く漂わせた。京都では1956年に開店した《しぁんくれーる》が、その嚆矢にあたる。先述の高野悦子も足繁く通ったこの店は、1階ではBGMとしてクラシック、2階では本格的なモダンジャズをレコードで演奏。アメリカの大物ジャズ・ミュージシャンと親交があったという星野玲子が手がけたもので、独自のルートで直輸入の新譜をいち早く揃えたため、学生を中心に人気を博したという。

当時、数多くできたジャズ喫茶も今や貴重な存在となったが、京都で唯一、現役最古参として続いているのが、《jazz spot YAMATOYA》だ。25歳でジャズに触れて、1970年に自らもジャズ喫茶のマスターとなった熊代忠文さんは、大音量・私語厳禁が主流だった時代、京都初の私語ＯＫフロアを備え、ジャズに魅せられた学生から厚い支持を得た。創業時からイギリス製のオーディオ、スピーカーを揃え、壁の一角にびっしりと並ぶレコードはおよそ１万枚にのぼる。

同時代には、《ラッシュライフ》や《喫茶インパルス》などジャズにちなんだ名を冠した店が相次いで登場。さらに、その後は、ロック喫茶《ダムハウス》やフォーク・ロックが充実した《縄文》など、さまざまな音楽ジャンルと結びついた喫茶店も広がり、趣味嗜好による客層の住み分けも進んだ。

２ 多様化する「日常の娯楽」の場

安保闘争や学生紛争、反戦運動など混沌とした時代ではあったが、一方で高度成長期に合わせるように、コーヒーの輸入量も戦前のピークを越えて、喫茶店の数も増加の一途をたどる。この頃、喫茶店は映画、ダンスホールなどと並ぶ娯楽の場でもあり、いち早くテレビや冷暖房を設置するなど、付加価値を打ち出す店も現れる。さらにジャンルもさまざまに個性を競う中で、洋酒喫茶、歌声喫茶、お座敷喫茶、美人喫茶など、さまざまな趣向を打ち出した店も現れた。京都喫茶連盟にも名を連ねた木下彌三郎氏も、この頃、洋酒喫茶《コンパ》を展開。当時、若い女性従業員がバーテンダーとして接待する「アルサロ（アルバイトサロン）」スタイルを導入して一時期、評判を取った。とはいえ、昭和30年代に出現した深夜喫茶など、半ば風俗的な営業スタイルが世の批判を受けることになり、のちの1964年（昭和39年）に一斉に取り締まりを受けるに至った。喫茶店に風俗的な要素が関わる傾向は、戦前のカフェーに始まり、この後も続くことになる。

店の数が増えることで、より本格的なコーヒーを提供する専門店も増えていった。その中の一軒が、1963年に出町柳に開店した《喫茶 ゴゴ》だ。初代マスターの河瀬馨さんは、もとは《玉屋珈琲店》の営業職で、取引先の喫茶店を引き継ぎ、自ら店をはじめた。その後、インスタントコーヒーの普及とともに、店の特色を出すべく前職の経験を生かして自家焙煎に着手。当時から使い続ける小型の電熱ロースターは、今も日がな一日煙を上げ、香ばしい匂いを通りに振りまいている。

かつては朝6時に開店。まだ京阪電車の終点だった三条駅に向かう前に寄る人も多く、立ち飲みになることも珍しくなかったという。頑固者のマスターと、〃東洋美人〃と呼ばれたママが立つカウンターでは、いつも話の輪が絶えなかった。当初はブルーマウンテンを贅沢に使っていたというブレンドは、現在ではブラジル、コロンビア、モカ、キューバの4種を配合。《はなふさ珈琲店》と同様、サイフォンで淹れたコーヒーを再度沸かし上げる、通称〃ツバメ返し〃で提供する。2度上げの抽出とは思えない軽快な飲み口で、すっと体に染み込むよう。毎日でも飽きのこない味わいに、親子3代、何十年と通う常連が多いのもうなずける。

《喫茶 ゴゴ》初代マスターの河瀬馨さんと奥様

また、同時代には《COFFEE HOUSE maki》も伏見にオープン。自家焙煎の喫茶店として最大5店まで増えたが、現在は出町店のみ。先代亡きあと店を引き継いだ弟と、その手伝いをはじめた姉の牧野久美さんが、2代目として2人で切り盛りしている。中でもネルドリップのブレンドは開業以来の店の顔。粗挽き豆で12、13杯分を一気に落とすのが、雑味のないまろやかなコクを出すための秘訣だ。

三条会商店街を代表する喫茶店だった《ティールーム扉》

年々、豆の品質が向上する中で、時にブレンドの配合をガラリと変えたり、時季ごとに個性的な銘柄を提案したりと、工夫に余念がない。

「お客さんに違和感がないように、時代に合わせて、いかにこの店らしさを出すかを考えています」

一方、京都でいち早く取り入れたダッチコーヒーや、くり抜いた食パンを器にした名物のモーニングなど、研究熱心な先代が考案したメニューも健在。少しずつ進化を続けながらも、変わらない安心感が、長年愛される理由だ。

この時代、喫茶店も建築やインテリアに新たな趣向を凝らした店が現れる。惜しくも2019年に店を閉じた《ティールーム扉》は、1963年に三条会商店街に創業。壁から天井にかけての切り込み装飾や照明にもこだわったショーケース、アクセントになるパーティションに至るまで、意匠を凝らしたモダンなインテリアが記憶に残る一軒だ。また、1961年に堀川北大路に開店した《喫茶翡翠《ひすい》》もインテリアが印象的な喫茶店のひとつだ。奥行きのある広々としたフロアに、ソファチェアを配したボックス席がずらりと並ぶ様子は、〝街の応接室〟といった趣。格子状に組まれた天井に、木彫りを施したパーティション、装飾も細やかな照明など、細部にまで創業者のこだわりを残している。

さらに、1969年、神泉苑《しんせんえん》のほど近くに《喫茶チロル》が開店する。創業者の秋元勇さんが当時勤めていた会社の倒産をきっかけに、ゼロから立ち上げた店は、大工だった兄弟が山岳部にいたことから、店内は山小屋風になった。デザイナーである妹がマッチや看板のデザインを考え、屋号は「誰でも読めて3文字で」と山の香りがする名を冠した、まさに〝ホームメイド〟の空間だ。

「創業者がコーヒーのこと知らんのやから、そんなお店は他にないんちゃう? まさかこんなに長く続けるなんて思わんかったわ」

当時を振り返るのは、「チロルのおかあちゃん」こと秋岡登茂さん。それでも、粗挽きネルドリップの10杯立てで淹れるコーヒーに加え、自家製メニューを充実させてきた。

往時は、JR二条駅から市街に向かう通勤路でもあり、朝、この店に立ち寄って出勤する人々も少なくなかった。また、店が面する御池通は室町と西陣を結ぶ主要なルートであり、呉服業の関係者が頻繁に往来していた。かつては商談や待ち合わせの場所として使われるのが日常で、朝や夕方は特に忙しかったという。ちなみに、のちに《喫茶マドラグ》へと継承される《喫茶セブン》も、1963年のオープン当初は室町に出入りする着物職人でごった返していたという。呉服業界は伝統的に専門の職人による分業制であり、中心部の室町界隈に問屋が集まり、二条城の南側周辺は染物屋、地直し屋などがあり、さらに西陣、山科、物集《もず》女《め》などにもさまざまな職人が集住していた。営業の途中、日に3、4回と喫茶店に入ることも珍しくなく、そうした人の動きが、当時の客層からもうかがえる。

ところで、喫茶店は増加していたが自家焙煎の店は少なく、コーヒー豆は焙煎業者から仕入れる店が多かった。先述した店だけを見ても、《喫茶 ゴゴ》は当初《玉屋珈琲店》から豆を仕入れており、のちに自家焙煎に切り替えたあとの生豆も同様だ。《喫茶翡翠》は後述する京都の焙煎業者《ニットウ珈琲》、《ティールーム扉》は《小川珈琲》といった地元の業者に加え、《喫茶セブン》は《ダートコーヒー》、《喫茶チロル》は《UCC上島珈琲》と、内外の業者が混在している。ブームとも呼べる喫茶店の急増に対して、コーヒー焙煎業者も卸先を広げていった。当時の記憶を《珈琲家あさぬま》の浅沼健夫さんは、こう振り返る。

「その頃は、店にコーヒー会社の営業さんがいっぱい来られて。京都の会社で〝京都のコーヒー〟を作っていこう、という気概みたいなものを感じましたね」

その中で、1963年には、府内に事業所を持つ焙煎卸業者で「京都珈琲商工組合」を設立。初期の立ち上げには、《ギンカコーヒー》《大洋堂珈琲》《小川珈琲》などが名を連ね、初代理事長は《ギンカコーヒー》の半浦明氏が就任した。喫茶店、焙煎業者ともに勢いを増していた京都だが、その後に現れた1軒のコーヒーショップが、さらなる新風を吹き込むことになる。

3 《ワールドコーヒー》と老舗の系譜

1961年（昭和36年）、北白川に《喫茶リス》という名の小さな喫茶店がオープンする。この主こそ、誰あろう《ワールドコーヒー》創業者・西村勝實氏である。故郷の滋賀県で、旧琵琶湖ホテルのアルバイトとして働いていた時に、モーニングコーヒーを用意する係になったのが、コーヒーとの縁の始まりだった。当時は一斗缶に入った「MJB」のコーヒー粉を使っていたが、蓋を開けた時の芳しい香りに魅了される。「先々、コーヒーはもっと日本に広まる」と感じ、開業を目指して独学でコーヒーの研究をはじめた。開店したあとも、1キログラムの焙煎機を購入し、軽トラの上に乗せて炭火を使って焙煎に没頭。納得いくまでに1年近くを要した。

西村氏の原点ともいうべき《喫茶リス》は、わずか3坪でカウンターだけのお店に7人が入れるのみ。当初からオールサイフォンで、1杯150円、天井から吊るしたザルに小銭を入れていたという。早朝6時から深夜まで開店しているとあって、最初は京大の学生やタクシー運転手が常連となり、特に街の動きにさといタクシー運転手が店の存在を広めていった。次第に店先に車が並ぶ日も出てきたため、店に入れない運転手には京大生のアルバイトが車までコーヒーを運んだ。同時に車の窓ふきのサービスまでしたことで、席が空いていてもあえて車で飲む運転手もあり、一般の客も倣う人が続出したという。

その頃のコーヒーは、今のような直輸入などなく、豆の種類も少なかったが、のちにグァテマラ産の豆が入手できるようになったことで、西村氏が目指す独特のブレンドの味わいを作り上げた。《ワールドコーヒー》専務の工藤隆史さんは当時の思い出をこう語る。

「メインのブレンドは深煎りで、グァテマラを使うようになってから、1杯で何時間も満足感が続くようになりましたね。当時の西村さんの味の感覚は抜群で、グァテマラのトロッと広がる味わいが、京都の人の嗜好にばっちり合っていた。マグロで言うと中トロのような、ちょうどいいコク。多い時は1日10杯以上飲んでも、うまいなと感じました」

《ワールドコーヒー本店》の前で微笑む西村氏

口コミで徐々にコーヒー好きに知られる存在となり、1967年に《喫茶リス》は《ワールドコーヒーショップ》と改める。両隣の商店を買い取って3坪から120坪に広がり、当時最新のコーヒーショップとして注目を集めた。1971年には会社として《ワールドコーヒー》を設立し事業を本格化。この頃から、西村氏は自ら産地へ何度も足を運んでいる。特にグァテマラでは生産者とともにコーヒー作りを進め、完熟豆のみを収穫するように要望を伝えるなど、コーヒーの品質向上に力を入れていった。

コーヒーに対する飽くなき探求心を発揮した西村氏は、開業を志す後進にも大きな影響を与えた。《前田珈琲》創業者の前田隆弘さんも、《喫茶リス》時代から通っていた常連の一人だった。小学生の頃、当時寺町にあった《スター食堂》で初めてコーヒーの味を知り、長じて市内の店をあちこち巡るようになった前田さん。

「《喫茶リス》はベニヤ張りの10人にも満たない小体な店でしたが、サイフォンコーヒーがうまかった。キッチンの中には家庭用コンロとまな板を置いているのを見て、これなら自分にもできるという感触を持ちました」

その後、偶然《イノダコーヒ》の従業員募集を見つけ、3年の修業。とはいえ、好きではあっても技術や知識は全くの素人。入店後も仕事のかたわら、生豆の麻袋に書かれた産地を見ては調べ、コーヒーの専門書を穴があくほど読み込むなど自らを研鑽《けんさん》。「通う時間ももったいないから」と住み込みで働き、先輩の仕事を見て、人より早く仕事を会得する努力を続けた。やがて、新京極の新しい喫茶店に引き抜かれて店長として赴任。この時、《喫茶リス》から名を変え、焙煎もはじめていた《ワールドコーヒー》から豆を卸したことが縁で関係を深めた。《イノダコーヒ》でサービスは学んだが、焙煎の知識はなかった前田さん。この店で3年勤めたのち、西村氏に独立のための物件を探してもらいつつ、《ワールドコーヒー》でコーヒーの飲み方から焙煎までイロハを学んだ。

《喫茶リス》に通いはじめてから15年を経た１９７１年、大宮高辻で念願の自店をオープン。10坪ほどの店に愛機のプロバットを据え、本格的に自家焙煎もはじめた。毎日味を見て、時季ごとに微調整を繰り返し、「一口含めば銘柄が分かるくらい飲んでましたね」と振り返る。

創業時の《前田珈琲》。《ワールドコーヒー》からも花が贈られた

定番のブレンドの中でも、祖父の名を冠した「龍之介」は、この時の試行錯誤から生まれた、まさに原点の味だ。１９８１年、呉服店だった町家を改装し、現在地に移転。毎朝5時に店先を掃き、7時に店を開けるのは、《イノダコーヒ》修業時代からいまだに続く前田さんの日課だ。猪田七郎氏から薫陶を受けた、一杯のコーヒーに経験と知識を注ぎ込む姿勢、西村氏から学んだ当時最先端のコーヒーの知識と技術。京都の喫茶、コーヒーシーンを牽引した2人の存在は、大きな支えとなっている。

　また、１９７６年には、前田さんと同じく《イノダコーヒ》出身の3人が開いた《高木珈琲》が開店。創業者の高西さん、川辺さん、北村さんの頭文字を取った屋号が、ユニークな店の生い立ちを物語っている。かつては呉服関係者が席を埋めたが、今は界隈の会社員がくつろぐ姿が日常に。蝶ネクタイ姿のスタッフと、店内に響く「おおきに！まいど！」の声が出入りの客を迎え、送り出す。《イノダコーヒ》とは趣を異にするが、さっぱりと気取らぬもてなしが、この店ならではだ。

「コーヒーは何かのかたわらにある脇役的存在。気張って飲むものではないですから」創業者の一人、北村二郎さんの跡を継ぐ2代目の亮さんの哲学が滲み出る。生活の一部だからこそ〝こだわらない〟コーヒーと活気のある声は、界隈で働く人の日常とともにある、この店の面目躍如《めんもくやくじょ》だ。

同様に、京都の名物喫茶の味を伝える店としては、1973年にできた《エスプレッソ珈琲 吉田屋》も挙げられる。創業者・谷康二さんは、高校時代、京都で初めてエスプレッソを供した《ちきりや》に感銘を受け、開店を志したハイカラな味覚の持ち主。苗字と異なる屋号は、和蠟燭《わろうそく》商から油屋、氷屋と続いたもともとの家業のもの。喫茶店に転じた理由が、「淹れ立てを素早く提供できるし、在庫を持たないからいい」というのが、いかにも商売人らしい。それでも、「カレーの匂いをさせてコーヒーを飲んでほしくない」と、メニューに食べ物は置かない、職人気質のこだわりがあった。

初代のイタリア・ガジア社製レバー式マシンに始まり、ほぼ10年ごとに替えているエスプレッソマシンは、現在4代目。

「機械で淹れるから簡単そうに見えても難しい。今でも緊張しますね」

亡きご主人に代わって店を守る谷フミ子さんは語る。歌舞練場《かぶれんじょう》の目の前とあって、芸妓、舞妓が休憩に訪れることもしばしば。かつて界隈には数多くの喫茶店があったが、今では《エスプレッソ珈琲 吉田屋》が最古参となった。花街とドア一枚隔てた向こう側で、京都の喫茶店の系譜が受け継がれている。

4 喫茶店黄金時代と焙煎卸業者の新展開

大阪の万国博覧会開催が話題となった1970年（昭和45年）からは、開店ラッシュが続いた、まさに喫茶店黄金時代。業界専門誌まで登場し、当時の退職金で手軽に出店できたこともあって、定年後に店をはじめる人も急激に増えた。全国的に見ると、60年代に4万軒を突破し、70年代後半には10万軒の大台を超える伸びを見せている。また、大阪万博の前年に、

《UCC上島珈琲》が世界初の缶入りコーヒーの製造・販売を開始。大阪万博の国内外のパビリオンで販売されたことにより、爆発的な人気を獲得した。ちなみに、1969年には、獅子文六による稀有なコーヒー小説『コーヒーと恋愛（可否道《こーひーどう》）』が刊行されているが、コーヒーを偏愛する登場人物に、凝り性な日本人の気質を映した本作は、すでにコーヒーが日常のさまざまな場面に深く浸透したことを示している。

万博開催の勢いも相まって、70年代は大手チェーンのコーヒー専門店も次々に開業した。京都では、会社設立前からチェーン展開をはじめていた《ワールドコーヒー》もそのひとつだが、さらに新たなチェーンブランド《コロラド コーヒーショップ》も手掛けるようになる。現在、《コロラド》の商標は《ドトールコーヒー》が管理しているが、当初は《ワールドコーヒー》の西村氏が立ち上げに大きな役割を担っていた。《コロラド》の商号は、もともとは商社の《丸紅》が所有するブラジルの直営コーヒー農園の名称だったことから、《丸紅》の主導で名古屋を境に全国を東西に分け、東は《ドトールコーヒー》、西は《ワールドコーヒー》に運営を分割。この時の《丸紅》の担当が、のちに日本スペシャルティコーヒー協会の2代目会長となる林秀豪氏であり、以降、オーソリティーとして京都のコーヒーシーンの隆盛にも深く関わっている。

関東の《コロラド》は1972年、神奈川県川崎市に1号店が誕生したが、《ワールドコーヒー》専務の工藤さんによれば、京都では《ワールドコーヒー》チェーンの一部を転換し、1978年頃にオープンした店が最初のようだ。《コロラド》出店にあたっては、《ワールドコーヒー》が技術指導や豆の卸などを行ったが、メニュー構成は出店戦略から規模、立地、交通量などに合わせたパターンを採用し、内装も統一。《ワールドコーヒー》チェーンの場合の対応は柔軟だったが、《コロラド》は規格が厳格に運用されていた。「健康的で明るく老若男女がともに親しめる店」というコンセプトで、当初はオールサイフォンでコーヒー専門を志向し、まだ水商売というイメージが強かった喫茶店のイメージを大きく変えた。やがて、客の要望もあり、フードメニューも増え、食事から喫茶までワンストップで充足できるようにしたことで、幅広い客層から支持を得た。

とはいえ、主役はあくまでコーヒーであり、《ワールドコーヒー》設立当初からコーヒー豆の小売りに力を入れたように、《コロラド》でも専門店らしく産地別にコーヒーを取り揃え、抽出器具なども充実させた。淹れ方のリーフレットや店頭でのアドバイスやセミナーといったサービスで、家庭へのコーヒー普及を通して固定客を掴んでいった。その後、《コロラド》は最大80軒まで店舗数を拡大していくが、70年代は喫茶店の出店自体が最盛期で、《ワールドコーヒー》が手がける店だけで、最も多い時は1か月に37件、1日に7件がオープンするという日もあったという。

「開業支援も多忙を極め、開店時に指導した店主と、次に会ったのが数年後ということも珍しくなかった」

工藤さんは往時を懐かしむ。時に破天荒な一面もありながら、コーヒーに対する圧倒的な熱量を持って新たなブランドを広めた西村氏は、京都の喫茶店興隆期を築いた一人として記憶される。

一方、当初は業務用卸のみだった《小川珈琲》も、1970年に初の直営喫茶店を伏見に開店。喫茶店にコーヒー豆の販売を併設したスタイルで、「生活者に近いコーヒー店」としてスーパーマーケットを中心に展開し、最盛期には40店舗まで広がった。また、業務用コーヒーは当初、取引先の要望に合わせてブレンドしていたが、この頃には、《小川珈琲》の品質への定評が徐々に確立したことで自社ブレンドを開発。当時の全社員が考えたブレンドを、ブラインドで飲み比べた末に初のオリジナルブレンド「マイルドブレンド」が誕生した。《小川珈琲》の〝顔〟ともいえるブレンドの完成とともに、直営店の出店、また開業支援も手がけ、喫茶店の取引先はやがて1000軒を超えるほどに。開業希望者にとっても頼もしい存在となり、名実ともに京都を代表するロースターの地歩を固めていった。

また同時期に登場した京都の新たな喫茶チェーンとして、忘れてならないのが《からふね屋》だ。印刷業を営んでいた堀尾隆さんが1972年に創業し、京都初の24時間営業で人気を博した。熊野神社前の1号店を皮切りに、ダッチコーヒーと呼ばれる水出しコーヒーを看板商品に、地域密着型の喫茶店として、京都を中心に店舗展開してきた。最大で60店近くまで店舗数を伸ばしたが、バブルの終焉《しゅうえん》とともに店舗を整理。以降、堀尾さんは並行して手掛けていたセルフサービス型の《ホリーズカフェ》に注力し、現在FCチェーンとして店舗数を拡大している。

この頃、喫茶店の増加とともに現れた新興の焙煎業者として、《ワールドコーヒー》と同じく1970年に創業したのが《ニットウ珈琲》だ。創業者の山上広三氏は《大洋堂珈琲》で20年以上番頭を務めて、1960年に《ヤマコウ》の名で独立を果たすが、10年ほどで倒産。再起して立ち上げたのが《ニットウ珈琲》だった。山上氏は、独立の際に《大洋堂珈琲》時代の取引先の半分ほどを抱えていたそうで、その中には《フランソア喫茶室》も含まれていた。《大洋堂珈琲》2代目の福井滋治さんによれば、「フランソア喫茶室は山上さんが担当として懇意で独立してもそのまま彼の得意先になりました」という言が確かなら、その後は

《ニットウ珈琲》が引き継いだことになる。《大洋堂珈琲》では、山上氏の後釜の番頭もやがて独立し、太秦に《石田大洋堂》を創業するが、この時も取引先を抱えての独立だった。「だから、うちは大きくならず、規模は当初のまま」と滋治さんは苦笑するが、この頃はこうした独立劇は珍しくなかったという。

その《ニットウ珈琲》に8年在籍し、1983年に独立した《アマノコーヒー》の天野重行さんは、当時の京都の喫茶業界をこう振り返る。

「1970年代は京都市内も喫茶店ブームで、他地域の焙煎卸業者の参入も相次ぎ、サービス合戦も激しかったですね。それまではプロのマスターとウェイトレスが切り盛りしましたが、当時、開業する人は経験なしではじめる人がほとんど。全盛時は豆の値段交渉から技術指導、看板や器具などを提供しても利益が出たから、今と時代が違いましたね」

天野さんによれば、当時、人気店として評判を取った一軒が、60年代に北山で開店した《ソニア珈琲》。天野さんの同窓生がいたことから、営業にも何度も足を運んだという。

「現店主のお母さんがはじめた喫茶店が始まりで、カッターシャツ姿できぱき切り盛りしていた様子が印象に残っています」

時には入店待ちの列ができることもあり、待っている客に次回無料券を配るなどのアイデアで盛況を博したという。

ちなみに、《ニットウ珈琲》を創業した山上氏はのちに社長を辞して、コーヒーの卸先で特に懇意にしていた《喫茶翡翠》の経営に携わっている。その後、《ニットウ珈琲》も閉じることになるが、《喫茶翡翠》ではしばらく、《ニットウ珈琲》出身者が手がける卸業者から豆を仕入れていたという。《喫茶翡翠》は、代々の店主が創業者から経営の裁量は委ねられたが、唯一、思い入れのある店舗・内装に手は加えないという条件を守り、今に引き継がれている。

オイルショック後の不況により、脱サラしてはじめる店主も多かった時期、こうした手厚い開業支援も焙煎業者の重要なサービスであり、年々、競争も激しさを増していった。現在も喫茶店の店先で見かける、さまざまな焙煎業者のロゴマーク入り看板は、喫茶店隆盛の時代の活況を今に伝える痕跡だ。

5 カフェバーの隆盛と次世代ブームの萌芽

1980年代、世の中はバブル期へと突入し、空前の好景気に沸いていた。喫茶店の数も、

1981年（昭和56年）にピークを迎え、全国の店舗数はおよそ18万軒に達していた。《アマノコーヒー》の天野さんによれば、この頃に月産焙煎量としては最高の3トンを記録したというから、まさに喫茶店黄金時代の絶頂期と言える。

この時期、京都で注目を集めていたエリアが北山界隈だ。昭和初期に始まった土地区画整理事業により、北山通が1985年に修学院まで開通。1981年に北大路まで開通した地下鉄の北伸を見据えて、さらに地域開発が進んだ。界隈には高松伸や安藤忠雄ら有名建築家のテナントビルが次々に建てられ、のどかな郊外だった風景は一変。中心部の伝統的な京町家の町並みとは対照的な〝京都のおしゃれスポット〟として話題になった。

一躍、流行の先端となった北山周辺にはブティックやレストランなども続々開店したが、この時代を象徴する業態として注目すべきは、お出かけやデートコースの定番となったカフェバーだ。ビリヤード台を置いたプールバーや、カクテルに重きを置いた店も多く、全盛期には北山から修学院、岩倉一帯に次々に新たな店が登場し、ドライブで訪れる若い世代を惹きつけた。

英国調の空間が新たなデートスポットのメッカとなった、1979年開店の《ドルフ》をはじめ、上賀茂の《サイコ》、京都精華大学近くの《ゾルバダブッダ》など、ひとクセある個性的な店も点在。一風変わったところでは、1982年に岩倉にオープンしたカフェ《マックさんの家》がある。元プロバイクレーサーの店主が、来店客に配っていたステッカーがきっかけで、バイク乗りが集う場所として人気が爆発。一時は市内を走るバイクのほとんどが、この店のステッカーを貼っていたという。

北山がにぎわっていた頃、中心部の繁華街でも同じくカフェバー的な店が花盛りになる。当時の人気店として《バナナフィッシュ》《バターイングラム》《オフザウォール》《バックギャモン》《アップス》《DDバー》といった名が挙がる。中でも《DDバー》は、本格派のプールバーとして厚い支持を得ていた。加えてジャズバー、ハードロックバーといった音楽をコンセプトにした店も盛況で、《治外法権》《JAMハウス》《ザッパ》《地球屋》といった店を、夜な夜な回遊する若者も多かった。

一方で、バブルの好況とともに一気に存在感を増したのが、チェーン展開のセルフサービス・コーヒーショップだ。なかでも、コーヒー1杯が300円前後の時代に、150円という価格を打ち出した《ドトール・コーヒーショップ》は、衝撃をもって迎えられた。70年代に《コロラド》チェーンを手がけた《ドトールコーヒー》が、1980年に原宿に1号店をオープンし、京都には1988年、河原町蛸薬師に初進出を果たす。バブル期にあって、誰もが忙しく働いていた時代、隙間時間を活用しやすいセルフカフェは新たな選択肢として支持を獲得。それまで、ホールスタッフが提供するフルサービスが当たり前の喫茶店全盛時代に、セルフカフェという新しいスタイルを生み出して、喫茶店業界に大きな転換をもたらした。

それらに対する形で、《珈琲家あさぬま》は独自のセルフカフェ《Mr.アサヌマ》を展開。1985年、西院に1号店をオープンし、最大で15店舗まで広がった。ここでは、大阪万博のドイツ館で出合って想を得たという、フルーツやアイスを入れたミルクセーキや、自動調理のゆでたてスパゲティなど、本店とは異なる新たなメニューが好評だった。この頃の京都では、夜通しカフェバーなどで過ごした人々は、朝まで開いている24時間営業の《からふね屋》に、学生は安価でフードも充実した《Mr.アサヌマ》を利用するといった、客層による住み分けも見られた。

スタイリッシュなカフェバーや、ロープライス・カジュアル路線のコーヒーショップも広まる一方で、目立たないながらも、のちのカフェブームを予感させる個性派も現れていた。まだ北山通の開発も途上だった1977年オープンの《café《カフェ》 DOJI《ドジ》》は、すでに2011年(平成23年)に閉店しているが、残されたホームページによれば、「ロンドン遊学中、ヨーロッパを旅して出会った〝Café文化〟にインスパイアされ、人との和を保つ場所、集う人々が自由と創造を感じ自分なりに過ごす事ができるフリースペースを共有できる事をテーマにスタート」したとある。店主が体験した、土着の文化とヨーロッパの文化が混ざったバリ島の日常をイメージした店は、コンクリートの打ち放しの空間にオープンテラス、イサムノグチの照明といったデザイン性も注目を集めたが、何より「ヨーロッパのカフェ文化」をコンセプトにした店作りは、カフェブームをはるかに先駆け、後続店にも少なからぬ影響を与えた。

さらに、1981年に東京・渋谷でオープンし、全国展開をはじめた《アフタヌーンティー・ティールーム》の京都1号店が、1987年に木屋町に登場。生活雑貨ショップとカフェを併設し、ヨーロッパのカフェを意識した家具や雑貨、大ぶりのカフェオレボウルなど、現地のライフスタイルを持ち込んだ店作りは女性からの人気を獲得し、のちのフランス風カフェスタイルの前触れともなった。

片や、1984年に開店した《さらさ》は、まだリノベーションなどという言葉もなかった頃、古い町家の空間を生かしたカフェとして画期的な存在だった。当初、この建物は「WOOD《ウッド》 INN《イン》」と名付けられ、1階に自転車、中古楽器、洋服の店、2階に英会話教室と民族雑貨店、そして《さらさ》が入居した。

今で言う複合施設の走りといった趣だが、《さらさ》の入った一室は土壁と白漆喰《しっくい》、天井の梁《はり》もむきだしの空間で、年季の入った木造の建物全体が混沌とした空気を醸し出していた。当時の店の印象を、創業者の大塚章寿さんはこう振り返る。

「物件を見た時、『今まで見たことない店になりそう』とは感じました。ただ、町家だからといって民芸調にはしたくなかった。予算もなかったので、余計な内装を外して梁とか天井裏の構造をそのまま見せたんです。京都在住の外国人の町家の使い方を参考に、イサムノグチの和紙のランプなども置いて、和風のロフトみたいにしたのが当時は珍しくて、日本人には良くも悪くも違和感があったかもしれませんね」

当時の《さらさ》があった三条通富小路辺りは、修学旅行生とサラリーマンが見えるくらいで、人通りも少ないエリアだった。メニューには喫茶店の定番をベースに、自家製チキンカレーやチャイ、ラッシーなど、エスニックの要素を先駆けて取り入れ、試行錯誤を重ねたが、当初は売上3000円という時期もあったという。それでも、80年代後半から貸切パーティーが増え、在京の外国人の口コミも手伝って、徐々に同業者やクリエイターにも注目される存在になっていった。

6　喫茶店の転換期に現れた新潮流の予兆

1981年（昭和56年）に全盛を迎えた喫茶店だったが、1986年頃から大きく減少傾向を見せ、京都府内でも5000軒を数えた喫茶店は徐々に減っていく。大規模開発が進み、地価高騰によって昔ながらの営業スタイルが難しくなったことも大きく影響し、1991年（平成3年）以降は、バブル崩壊によって減少に拍車がかかった。

また、地場産業の衰退とともに喫茶店の客離れが進み、厳しい状況が続いた。とりわけ、多くの店で常連客となっていた呉服業界の衰退は著しく、ピーク時の1980年から市場規模が70%近く縮小。室町や西陣に近い喫茶店では、客の入れ替わりや世代交代が進んだ。また70年代に市電が全廃となり、代わって1981年に地下鉄烏丸線、1989年に京阪鴨東線（三条～出町柳）が開業。交通網の改変とともに、人の流れが変わったことも少なからず影響した。

喫茶店は冬の時代に入りつつあったが、《六曜社珈琲店》の奥野修さんが、地下店で自家焙前コーヒー店をはじめたのは、ちょうど転換期を迎えた1986年のことだった。修さんは、70年代に音楽活動のため2度の上京を経て、1975年に京都に戻った。音楽を続けながら家業を手伝い、本格的にコーヒーの世界に没頭する。店のブレンドを改良しようと試行錯誤を重ねていたが、豆の配合の工夫だけでは限界を感じ、自家焙煎の道を模索し、評判の店を方々飲み歩いた。とはいえ、当時の自家焙煎コーヒー店は、「頑固なマスター」のイメージを地で行く店主が多く、独自の技は他人に明かさないのが不文律とされ、焙煎の知識を得るのが難しかった。そんな折に出合ったのが、東京・山谷《さんや》の《カフェ バッハ》だった。

1968年に開店した《カフェ バッハ》創業者の田口護さんは、開店4年後から自家焙煎をはじめ、旺盛な探求心と客観的な分析で誰もが安定して味を再現できる技術理論を確立。まだネルドリップが主流だった頃、家庭への普及を見据えてペーパードリップにいち早く切り替えたことも先駆的で、全国から客や同業者が訪れる人気店になった。さらにセミナーなどで、自ら研究した焙煎技術を広く共有する場を作り、後進の育成に力を入れていた。地元密着のフランクな雰囲気、清く澄んだコーヒーの味わい、何より技術に関するオープンな姿勢に修さんは共感を得て、自らの目指す方向を確信。その後も関西で《カフェ バッハ》の流れを汲む店に足を運び、新たに完成した焙煎小屋で焙煎の研究を続けた。以降、1階は初代の流儀を継ぐネルドリップのブレンド一本、地階は2代目・修さんが焙煎した多彩なコーヒーを供するスタイルが定着する。

《玉屋珈琲店》のビル内奥に鎮座する焙煎機

ところで、当時《六曜社珈琲店》では《玉屋珈琲店》の焙煎豆を使っていたことから、自家焙煎に取り組む際には同店が生豆を提供。これを機に、《玉屋珈琲店》では焙煎豆の卸先が自家焙煎をはじめた時には、少量から生豆の販売も行うようになり、卸先も広がった。また、今では《玉屋珈琲店》の社員が、修さんに焙煎のことを聞きに行くこともあるそうだ。以降も《玉屋珈琲店》は、こうした自家焙煎へ移行する喫茶店のサポートを数多く手掛けるようになり、2000年代に広がったマイクロロースターにとっても、《玉屋珈琲店》は大きな拠《よ》り所として存在感を発揮することになる。

閑話休題。《六曜社地下店》では、豆の販売についても、焙煎後なるべく新鮮な豆を置き、挽く場合は注文後に挽いて袋詰め、むしろ飲む直前に挽くことを勧めるなど、コーヒーに関する基本を伝えることに腐心。同業者の客も多く、質問にも真摯《しんし》に応えた。今では当たり前のことだが、自身が《カフェ バッハ》で感じた自家焙煎コーヒー店のあるべき姿を体現したことで、《六曜社地下店》は、自家焙煎の開業を志す店主にとっての拠り所となっていく。その中には、のちに《オオヤコーヒ焙煎所》を

《オオヤコーヒ焙煎所》のオオヤミノルさん

開くオオヤミノルさんもいた。

幼少時から喫茶店に親しんだオオヤさんは、1987年に弱冠20歳で喫茶店《パチャママ》を譲り受け、経営に携わっていた。それまで《パチャママ》が使っていたコーヒーの仕入れ先を《玉屋珈琲店》に変え、やがて手網での自家焙煎に着手。《六曜社珈琲店》でコーヒーの味に目覚めたというオオヤさんは、修さんのもとに通い、焙煎小屋で焙煎の一部始終を見せ

てもらったという。

「焙煎はどこも企業秘密の時代。誰にでも技術をオープンにしていたのは、『カフェ バッハ』の田口さんくらいで、具体的な焙煎データを示したものは唯一、田口さんが書いた本だけでした。修さんは喫茶店主の中で、焙煎のノウハウを隠さずに教えてくれるようになった最初の世代。具体的に何かを伝えてくれるわけではなかったですが、焙煎小屋に連れて行ってくれて、メモも写真も許してくれたんです」

この頃、修さんの紹介で、まだ開店前だった鎌倉の《café vivement dimanche《カフェ・ヴィヴモン・ディモンシュ》》店主・堀内隆志さんにも会い、新たな店作りに向けて邁進する姿に触れ、自分がやっていることの方向性を初めて意識したという。

1998年に《パチャママ》を辞したあとは、手回し焙煎機を購入し、2000年に京都府中央部の美山に移り《オオヤコーヒ焙煎所》を開業。焙煎家としての活動を本格化させた。この時に、現在も使用している「冨士珈機」製の古い焙煎機、通称「ぶた釜」をカスタムして導入。代金先払いで月替りのセレクト銘柄を配送する、今日のサブスクリプション方式による豆の販売をスタートする。同時に、北白川のギャラリー《プリンツ》のリニューアルに関わってコーヒーを納めるようになり、翌年からは北野天満宮の縁日「天神市」でコーヒー屋台も出店。ただ、当初は《オオヤコーヒ焙煎所》は所在地や連絡先を公開しておらず、オオヤさん本人と会うことが唯一の接点だった。そのユニークな店のあり方も手伝って、全国にその名を知られる存在となっていく。

京都の自家焙煎コーヒー店に大きな影響を与えた《カフェ バッハ》は、80年代になると「バッハグループ」を設立し、自家焙煎のセミナーに注力。ここから巣立った店主たちは全国に散らばっている。京都におけるその先駆けが、1986年、南区の吉祥院で開業した《カフェタイム》の糸井優子さんだ。

「まだ田口さんが全国で講習会をはじめた頃で、そこに3回以上通いました。当時は焙煎を師事する人もなく、3キログラムの焙煎機ではじめましたが、不慣れな仕事にかなり神経を使いました。一窯焼くごとに『やつれた』と言われましたね（笑）」

当時は男社会だったコーヒー業界で、女性ロースターとしても先駆け的存在だ。

「小さくても自家焙煎の店を応援したい」というとあるロースターとの出合いから、質の良い生豆を仕入れられるようになり、開店5年ほどで10キログラム焙煎機を設置。その後、商社から直接生豆を仕入れるようになるが、「ここからが苦悩の始まりでした」と糸井さん。当時はロットごとに上下する品質に翻弄《ほんろう》された。

この頃、自店の開店準備のため、《カフェタイム》に指導を仰いでいた一人に、錦市場のロースター《びーんず亭》店主・田中保彦さんがいた。田中さんによれば、当時《カフェタイム》では、同業者のグループでコーヒーの味覚を共有する集まりがあった。

「まだスペシャルティコーヒーがなかった頃で、豆の質もすごくばらつきがありました。スクリーン（粒の大きさ）などの規格しかなく、しかも驚くほど安価でした」

《カフェタイム》の糸井優子さん

すでに喫茶店の数がピークを過ぎていた頃、「これからは家庭用のコーヒーが伸びていく」とのアドバイスを受け、94年にビーンズショップを開店するが、創業時は１００グラム２００円という銘柄もあったそうだ。現在はスペシャルティコーヒーから定番のブレンドまで、豆のグレードにはこだわらず約20種を揃える。「味は合う、合わないがあるので種類は幅広く。普段使いできるように」とのモットーは、開業前にかつてのコーヒー事情に触れた経験も生かされているだろう。

糸井さん自身も、まだ焙煎のセオリーなどなかった当時の状況をこう振り返る。

「自分の技術に疑問を持ってしまって、袋小路に入ったような感じでした。そこからいろんな人に会いに行って、焙煎以外にも原因があると分かり、豆の質は情報だけではわからないと確認しました」

この試行錯誤の時期に、糸井さんは《コロラド》チェーンの展開で活躍した、元《丸紅》の林さんとの縁を得たことで、のちにスペシャルティコーヒーと出合い、2000年以降の京都のコーヒーに新潮流を生み出すことになる。

第四章

カフェブーム到来とコーヒーの進化

1990-2010

CHAPTER 4

Arrival of the Cafe Boom and Evolution of Coffee

1 フランスの波とカフェブームの到来

バブル崩壊後、入れ替わるように登場してきたのが、今やおなじみとなったカフェスタイルの店。その起爆剤となったのは、東京に相次いで進出した、フランスの老舗カフェの存在だ。1989年（平成元年）に渋谷に登場した《ドゥマゴ パリ》を皮切りに、1995年には表参道に《カフェ ド フロール》《オーバカナル》がオープン。さらに、本場のスタイルを模した《カフェ デプレ》も1993年に開店し、「オープンエア」「テラス」「ギャルソン」といった言葉とともに、フランス直輸入のカフェ文化が広まりはじめた。

この頃、東京の影響に端を発したカフェに留まらず、世の中に「フランスブーム」ともいうべき大きな流れが波及した。とりわけ、1998年は「日本におけるフランス年」、京都ではパリとの姉妹都市締結40周年にあたり、フランス熱はピークに達する。そのような状況の中、来日したシラク仏大統領（当時）が、「鴨川にパリのポン・デ・ザールのような橋をかけては」と発言したことから、建設の是非を巡って反対運動が勃発。フランスからの波が思わぬ形で景観論争にまで発展した。一方で、この頃は単館系映画館でフランス映画がリバイバル上映されていたほか、フランス発のクラブジャズの流行なども重なり、京都では1989年、多彩な上映企画でファンの支持を得ていた《ルネッサンスホール》の閉館に伴って上映会社「RCS」が移籍した《京都みなみ会館》や、1990年にできた《CLUB《クラブ・》METRO《メトロ》》などがフランス熱を牽引した。

そんな中、当時のカフェ事情を見ると、先だって1983年（昭和58年）、《進々堂 京大北門前》が雑誌『an・an』の京都特集に取り上げられたことでファンの〝聖地〟となり、70～80年代の「アンノン族」の流行も相まって、女性が訪れたい憧れの喫茶店としてカフェブームの前触れとなっていた。そして北山のカフェバーの勢いも下火になった90年代、入れ替わるように、フランス雑貨店にカフェを併設したセレクトショップ《F.O.B COOP《フォブ・コープ》》が京都に出店し、市内にカジュアルなフレンチスタイルの飲食店も増加していく。なかでも人気店となった《パリの食堂》は、1995年に姉妹店の《カフェ サリュ》をオープン。サロンを巻いたギャルソン、ミルクとコーヒーを別々に注ぐカフェオレなど、現地のスタイルをいち早く持ち込んだ。今でいうSNS映えではないが、〝そこにいる自分〟を意識させる店でもあった。当時の京都にはフランス直輸入のカフェこそできなかったが、後続のカフェとして、

《BCP（ブラッスリー・カフェ・ド・パリ）》、《パスティス》といった店が現れ、現地のスタイルへの憧れを独自に体現していた。

東京に出現したフランス直輸入の店に端を発し、90年代の初めからじわじわと増えはじめたカフェは、またたく間に全国的な盛り上がりを見せる。メディアもこぞって取り上げたことで、飲食店の1ジャンルを超えて社会現象といえるまでになっていた。人気ファッション誌『Olive』では、1998年に初の「カフェ・グランプリ」特集を敢行。東京と関西から選ばれたグランプリでは、京都の《Café DOJI》が1位を獲得している。さらに2000年に入って、雑誌におけるカフェの情報発信を牽引したのが、『Hanako WEST』別冊として刊行された『Hanako WEST Café』だ。好評を受け、2005年（平成17）まで毎年発行という勢いで、少なくとも関西ではまだ曖昧だった「カフェ」のイメージを集約・定着させた印象がある。創刊号の扉ページからは、ブーム全盛に至るまでの移り変わりがうかがえる。

「この前まではオープンテラスのパリ的カフェが人気だったのに、いつの間にか時代はアジアン・カフェが気分になっています。でも、今、本当に行きたいカフェは?と尋ねられたらあなたは、アジアン・カフェと答えますか? それとも…今回、関西の人気カフェ136軒を取材してみると新しいキーワードが浮かんできました。それは『お家《うち》』。インテリアも、雑貨も、ドリンクも、和める気分がいい感じ」（『Hanako WEST Café』）

〃なごみ〃と〃お家〃は、カフェを体現するキーワードとなり、店主自らインテリアを改装したり、家具が不揃いだったりと、まさに〃お部屋感覚〃の空間は、カフェの魅力を語る際に欠かせぬイメージとなった。やがて、ユーズド家具を生かした生活感あふれる〃癒し系〃や、「カフェめし」と呼ばれるフードに重点を置いたスタイルなどに細分化していく。エッセイストの酒井順子さんは『ａｎ・ａｎの嘘』（マガジンハウス、２０１７年）で、この背景に時代の「まったり化」の進行があると指摘している。居酒屋で酒を飲むよりも、「カフェで身体に良さそうなものを食べてお茶を飲む、というのが平成スタイル」として、バブル崩壊後の長期不況が日常になり、「無理せずできる範囲で楽しく」という世の空気を重ねている。気軽に人が集えて、食事も楽しめるダイニング的な性格が強いカフェは、フランスの「カフェ」とも、従来の喫茶店とも異なる、融通無碍《ゆうずうむげ》なあり方を指す言葉として浸透していった。酒井さん曰く「家のカフェ化とカフェの家化の同時進行」とは、当時の動向を言い得て妙だ。

2 世紀の変わり目に現れたカフェシーンの先駆

バブルの余韻も失われ、新世紀を迎える頃から、そうしたカフェの草分けが京都にも現れはじめる。中でも、1999年（平成11年）にオープンした《efish《エフィッシュ》》は、いまや当たり前となったリノベーションカフェを先取った店としてユニークな存在感を放った。そもそもは、世界的に活躍するプロダクトデザイナー・西堀晋さん、つかささん夫妻が、住居兼事務所として古いビルを借りたのが始まり。1階をカフェにする際、ほとんど手作りで改造した空間に、晋さんが手がけたカラフルな家具を配し、足もとまで開いた大きな窓の向こうには鴨川の流れと東山の稜線が一面に。繁華街から離れた五条大橋のたもとというロケーションも、当時としては新鮮だった。

やがて京都のカフェの代表格と言われるまでになったが、つかささんは当時の心境をこう語っている。

「私たちは、自分たちの生活が不安定だからお金をどうやって稼ごうっていうときに、この場所だったらカフェが合ってるし、私がそれまでやってた職業的にもベストだったからはじめただけなんです。決してカフェ・ブームだったからお店をはじめたわけではなく、ブームはたぶん後からだったんだと思います」（『カフェの話。』アスペクト、2000年）

2019年の20周年を節目に惜しくも店を閉じたが、カフェ草創期から時代の波を経て、変わらず個性を発揮し続けた稀有な存在だった。

一方、市街中心部では1998年、三条通御幸町《ごこうまち》角の旧毎日新聞社京都支局ビルをリノベーションした、「1928ビル」に、《カフェアンデパンダン》が登場。《efish》同様に、長年、廃墟同然だった地階をアーティストのグループが創建当時の姿に復元・改装。当初はスペインバル的なスタイルで、新たな文化発信拠点としての役割も担った。また調度や家具を含めたインテリアが大きな魅力として重要視される中で、イームズやカッシーナといった名作デザイン家具も、カフェを語る際のキーワードとなった。そこから店舗デザインを担うプロデューサー、デザイナーも注目を集めるようになる。京都の新名所として2000年に開業した《新風館》に登場した《アスクアジラフ》は、当時、駒沢の《バワリーキッチン》や青山の《ロータス》を手がけ、東京のカフェシーンを席捲したオーナー・山本宇一氏による関西初の店として大きな話題を呼んだ。

また翌年には、大阪のクリエイティブ集団《graf《グラフ》》が

20周年を機に店を閉じた《efish》。
足元まで大きく開いた窓からは、
鴨川の流れと東山の稜線が一面に広がっていた

京都で初めて手がけたカフェ《boogaloo café》《ブーガルー・カフェ》もオープン。同時期に河原町三条にオープンした《Café OPAL》《カフェ・オパール》は、ミッドセンチュリーテイストの空間を打ち出し、のちに大阪の家具問屋街の名を冠して呼ばれた〝堀江系〟カフェの走りでもあった。

この頃、すでに開店から10年を超えていた《さらさ》の大塚さんは、当時の富小路店界隈の変化をこう振り返る。

「《カフェアンデパンダン》ができて、2000年くらいから人通りも多くなった印象があります。この頃、《さらさ》では漆喰の壁を格安の貸しギャラリーにして一気に人気が出て、学生のお客さんが増えてきましたね」

ギャラリーの好評を得て、《さらさ》は〝情報の集まる場所〟としても支持を広げていく。店内では、クラシックや沖縄民謡、ゴスペル、エスニックなどジャンルレスな音楽、さまざまなテーマで個性を競ったミニコミや映画・イベントのフライヤーも数多く紹介していた。2001年から10年間にわたり《さらさ》でマネジャーを務め、のちに《喫茶マドラグ》を開く山崎三四郎裕崇さんは、《さらさ》の置かれていたポジションをこう分析する。

「ごちゃっとしたアジア的な空間にサブカルと音楽が融合した空間は、学生との親和性が高かった。学生が多い京都ならではのカフェとして、ひとつの完成形ではあったと思います。

のちに町家系カテゴリーの元祖として注目されますが、この頃に続々と新しいカフェが登場したことで、店の立ち位置が変わりましたね」

その変化に合わせるように、《さらさ》は市内に姉妹店を開店しはじめる。地元の人々がまだ古い木造家屋に注目しなかった2000年に、西陣で親しまれた銭湯《藤ノ森温泉》を改装した《さらさ西陣》が話題を呼ぶ。2005年に三条会商店街の《さらさ3》、2007年に《SARASA 麩屋町PAUSA《パウサ》（現《さらさ麩屋町》）》と開店。いずれも富小路店と同じく、決して立地に恵まれているわけでもない、古い建物を改装しているのが《さらさ》らしさのひとつだ。

「人けの少ないエリアに出店することで、街を活気づける狙いもあった」ともいう山崎さん。とりわけ《さらさ3》などは、色褪せつつあった商店街ににぎわいを取り戻す起爆剤となり、街並みも様変わりした。アルバイトを含めて、スタッフがやりたいことを自由に実践できることが、《さらさ》の真骨頂。それゆえ、各店でメニューも変われば、店内の展示も各店の裁量に委ねられた。2013年にできた初の自家焙煎コーヒーショップ《クランプコーヒーサラサ》も、焙煎に興味を持つスタッフがなかば独立する形ではじめたものだ。2007年、富小路店は惜しまれつつ移転したが、自由な発想と京都ならではの土地柄が生んだ《さらさ》

1号店の富小路店から移転した《さらさ 花遊小路》の店内

はいまや、「京都的」なカフェとして、街の憩いの場に欠かせない存在となっている。

カフェが日常生活の中に入ってくると同時に、自らカフェをオープンする開業希望者も急増する。バブル後の不況の影響とも言われたが、かつてオイルショック後に脱サラの開業者が相次いだ喫茶店ブームの形を変えた再来ともいえる。その意味では、2001年に柴田書店から刊行された雑誌『café sweets』の創刊は象徴的だ。同誌は1970年(昭和45年)から1993年まで続いた喫茶店専門誌の草分け『喫茶店経営』がリニューアルして、8年ぶりに復刊したものだ。食の専門出版社による、名物雑誌「復活」のインパクトは、カフェが単なるブームを脱したことを印象付けるものだった。

3　シアトル系カフェの上陸とバリスタへの注目

その一方で、当時のコーヒーシーンに大きなインパクトを与えたのが、《スターバックスコーヒー》の進出だ。1996年（平成8年）、銀座に日本1号店を出店し、1999年に京都初の支店がオープンした。イタリアのエスプレッソをベースにしたコーヒーは、レギュラーコーヒーをベースにした従来のコーヒーに、もうひとつの選択肢を加えたことが大きな転換点となった。また、今やスターバックスの代名詞として定着した、キャラメルマキアートやフラペチーノといった、デザート感覚のメニューが女性から厚い支持を獲得。80年代に登場したセルフカフェとスタイルは同じだが、メニューや空間に高い付加価値を打ち出して、従来のコーヒー専門店には足を運ばなかった層を新たに開拓し、コーヒーそのもののイメージを劇的に変えたインパクトも大きかった。《スターバックスコーヒー》は、1999年には早くも全国で100店舗を超え、以降も年100店ペースで拡大。さらに《シアトルズベスト》《タリーズ》など、外資系カフェの進出が相次ぎ、発祥地を冠した「シアトル系カフェ」

として各地に広がっていく。

ところで、京都でエスプレッソの先駆けといえば、《ちきりや》が思い出されるが、実は80年代に《ワールドコーヒー》が早くもエスプレッソに注目し、本格的に提供をはじめている。当時の日本で使えるマシンといえば、《ちきりや》でも使用されたガジア社などのレバー式が主流で、セミオートのマシンが出はじめたくらいの時期だった。イタリア中心にさまざまな国を巡った西村氏が、納得できるマシンとして探したのがＷＥＧＡ（ヴェガ）社のマシンだった。決め手は使っている鉄の量で、重量はあるが蓄熱性が高いのがポイントだった。「エスプレッソは温度が大事」という西村氏は、機体が冷めにくく、淹れたあとすぐにフィルタを戻して常に高温の状態で提供できることにこだわったという。その後、西大路七条の《コロラドコーヒーショップ》にマシンを導入。これを機にエスプレッソを出す店を差別化するため屋号を《カフェ コロラド》として以降、定着する。

そして、90年代にシアトル系カフェがもたらした新たなカルチャーとして、脚光を浴びたのは「バリスタ」の存在だった。コーヒーのプロとしてサービスするこの専門職に、いち早く注目した《小川珈琲》は、２０００年代初頭からバリスタの育成とエスプレッソの普及に注力しはじめた。２００５年に京都でも先駆けて直営店にエスプレッソマシンを導入し、業務用エスプレッソブレンドの開発を進めるなど、新たなコーヒーカルチャーの盛り上がりを牽引してきた。

この原動力となった一人が、当時の《小川珈琲》のチーフバリスタ・岡田章宏さん（現《Okaffe Kyoto《オカフェ》》店主）だ。岡田さんの足跡は、そのままバリスタの普及の過程を示している。もともと、岡田さんは家業を継ぐべく呉服業界に身を置いていたが、バブル崩壊の影響で在籍していた呉服店が廃業。《小川珈琲》本店のアルバイトとして入ったのが2002年のことだ。偶然、そこで目にした「バリスタチャンピオンシップ」の雑誌記事が、バリスタに関心を持つきっかけだった。「ジャパン バリスタチャンピオンシップ（JBC）」は、2001年から前身の「日本バリスタ選手権」が開催され、2003年からJBCに名称を変えて継続。バリスタの存在を広める大きな役割を果たした。

とはいえ、バリスタがまだ職業としては全く知られていなかった時代、《小川珈琲》もドリップコーヒーが商品の柱で、顧客も中高年男性が中心だった。ただ、同時期にカフェブームがピークを迎え、バリスタの存在が注目されはじめたこともあり、バリスタやエスプレッソの技術を蓄積する必要性を説き、新たなプロジェクトの一員として、岡田さんは2004年に正式入社。エスプレッソマシンの導入と競技会での日本一獲得を掲げて、本格的にバリスタの道に進んだ。とは言え、岡田さん自身もまだ「エスプレッソ」がどういうものなのかを理解していなかった。

「実は『エスプレッソ』という言葉を知っていただけで、セミナーを受けてようやくどういうものか分かりました。15年前の当時は、エスプレッソと言っても『ちょっと苦いコーヒー』くらいの感じで、レギュラーカップで出しているお店も多かったですね」

当然、社内にもエスプレッソをよく知る人もなく、ましてや専用の焙煎やブレンド、抽出の技術はゼロに近い状態だった。

それでも、ひたすら検証する日々を経て、2005年に《小川珈琲》三条店のリニューアルを機に、初めてエスプレッソマシンが導入され、京都でも先駆けてバリスタの仕事とエスプレッソの魅力を広めてきた。同時に、JBCにも出場し、08－09年度大会で念願の日本一を獲得、京都から初のチャンピオンとなった。また、2008年は「ラテアートチャンピオンシップ」世界大会にも日本人として初参加し、ここでも高評価を得たことで、のちに続く《小川珈琲》のバリスタが代々ラテアートを強みに活躍する先鞭《せんべん》をつけた。その後、「ラテアートチャンピオンシップ」では、《小川珈琲》の大澤直子さん、吉川寿子さん、衛藤匠悟さんが優勝。うち2人が世界チャンピオンになるなど、京都からトップバリスタを多数輩出している。

「今、振り返ると『バリスタチャンピオンシップ』の存在は大きいですね。ルールと評価は変わってきましたが、技術の基本がはっきりしたことで、抽出の基準も定まり、エスプレッソの質も底上げされて、日本のバリスタの技術は明確に上がったと思います」

岡田さんをはじめ、草創期のバリスタの活躍により、専門学校で新たにバリスタのコースができたり、女性バリスタが増えたりと、コーヒーに携わる人の裾野は大きく広がった。

4 従来の嗜好を変えたスペシャルティコーヒーの登場

同時に、90年代後半には、より高品質で個性的な味わいのコーヒーを提唱する「スペシャルティコーヒー」の概念が登場する。産地や生産者を厳選して作られた豆は、コーヒーが本来持っている個性的な味わいで、コーヒーの味のイメージを大きく変えるものだった。

京都に《スターバックスコーヒー》が初登場した1999年（平成11年）、ブラジルではスペシャルティコーヒーの第一人者であるジョージ・ハウエルが提唱した、新たな基準でコー

亀岡に本店を置く《カフェタイム》

ヒーを評価する「トライアル品評会」が開催。従来の欠品除去の減点法でなく、味覚を評価してオークションで販売する、現在の「カップ・オブ・エクセレンス（ＣＯＥ）」の前身となる品評会だ。この新基準のコーヒーを日本の自家焙煎店にセミナーで周知し、スペシャルティコーヒーをいち早く広めていったのが《カフェタイム》の糸井さんだった。自店でも２００１年にブラジルのＣＯＥを初めて落札。２００４年からは、ＣＯＥの審査員も務めるようになり、品評会への参加はすでに50回を数える。

２００２年には、同業の仲間が集まってコーヒー豆を共同購入するグループ《C-COOP《シー・コープ》》を立ち上げ、産地からのダイレクトトレードをスタート。商社では販売量を重要視したが、スペシャルティコーヒーを扱う店は相場と関係なく、産地を維持するための豆の価格を支持した。当時、独自にダイレクトトレードを行っていたのは、《カフェタイム》と長野の《丸山珈琲》の2店だけだったというから、いかに時流を先取りしていたかが分かるだろう。

当時の日本におけるスペシャルティコーヒーの最前線にあった《カフェタイム》では、《小川珈琲》時代の岡田さんらトップバリスタのJBC出場時のトレーニング場所の提供や、新たなコーヒーショップ、ロースターの開業もサポート。また、「技術は進んでいますが、開業すると勉強しなくなることが多い。常に情報をアップデートしないと」と、スタッフのJBC出場やグループの会員を集めてバリスタチャンピオンを講師にした勉強会なども開催している。それ以上に、糸井さんが力を入れているのが、産地とのつながりを作ること。

「私がコーヒーの仕事をはじめたころ、一生に一度でいいから産地に行ってみたい、産地の皆さんとつながりたいというのが夢でした。私自身が初めて生産地を訪問したのは、コーヒー店をはじめてから14年後のことでした。だから今、産地に行きたいと言う人は卸先でなくても皆さんお連れするようにしています」

創業から35年を超えたが、糸井さんのコーヒーへの情熱と精力的な活動が止まることはない。2015年には、アメリカを除く消費国として初加盟した「国際ウィメンズコーヒー協会（IWCA）」の日本支部長に就任。IWCAは2003年、コスタリカでNPO法人として設立した組織で、コーヒー生産に携わる女性の生産技術と地位向上、持続可能な社会生活の実現を目的として活動している。女性ロースターの先駆けとして、「バリスタには女性が増えましたが、プロとして技術を身に着けたロースターももっと増えてほしい」と、女性限定のカッピングセミナーを開催しているほか、焙煎の競技会なども企画しているという。

全国的な動きとしては、２００３年に「日本スペシャルティコーヒー協会」が設立。生産国での栽培からカップのコーヒーに至るまでの体系的知識や技術の普及、啓蒙を図り、品質向上を目指す動きは大きな変革をもたらし、コーヒーの楽しみ方は飛躍的に広がりを見せた。その影響は思いのほか早く世相の中にも現れはじめ、早くも２００３年にマクドナルドが「プレミアムコーヒー」の販売を開始。２００５年に１００円コーヒーをスタートするなど、クオリティを見直す動きが各所で過熱しはじめる。

京都では、《カフェ バッハ》で研鑽を積み、いち早くスペシャルティグレードの豆を揃えた《カフェ ヴェルディ》が２００３年に、エスプレッソを主役に据えた《café Weekenders《カフェ・ウィークエンダーズ》》（現《WEEKENDERS COFFEE》）が２００５年に開店と、関西コーヒーシーンの画期を告げる店が登場する。とりわけ《カフェ ヴェルディ》は、まだスペシャルティコーヒーが広まる前から、すでにＣＯＥをはじめとする約20種を揃えるなど、京都におけるパイオニア的存在だ。そして２００６年、スペシャルティーコーヒー専門店を謳った、《Unir《ウニール》》がオープンする。オーナーの山本尚さんは《カフェタイム》が設立した《C-COOP》で、豆の共同仕入れに参画していたが、創業当初からスペシャルティコーヒーに特化したコーヒー店は当時関西でもほとんどなく、《Unir》の登場は時代の変化を象徴するものだった。

山本さんは10年以上、建築設計関係の仕事に就いていたが、喫茶店好きでもあり、スペシャルティコーヒーの登場で「食としてのコーヒー」に注目。その頃、通っていた《カフェヴェルディ》のマスター・続木義也さんのアドバイスもあり、方々でスペシャルティコーヒーを飲み歩いた。従来に比べて圧倒的な味の存在感、明確な風味があるにも関わらず、まだ関西には全く届いてなかったことが、開店のきっかけになった。

「当初は豆の品質に焙煎技術がついていかず、苦心しながらカッピングや競技会のジャッジに参加するなど、開業の前後は地道に勉強していましたね」

さらに開店前年から毎年産地を訪ねて交流を深め、現在までに訪ねたのは10か国以上になる。2009年に2号店を出した頃から、焙煎量が以前の倍以上に増え、店の存在もようやく認知されはじめたと同時に、コーヒーやサービスのあり方を検証するためにバリスタの育成にも注力。開業希望者に対してはトレーナー的役割を果たし、さらに卸や販売においては営業マンとしての役割も担う。妻の知子さんもバリスタの一員として店に立ち、2008年から「バリスタチャンピオンシップ」にも出場。いわばロースター専属バリスタとして、店の個性を伝え、コーヒーのクオリティ向上に力を発揮した。

5 独自の存在感を発揮するマイクロロースター

スペシャルティコーヒー、バリスタ、エスプレッソなど、新たなキーワードが揃いつつあった2007年頃、コーヒーを取り巻く状況は大きなターニングポイントを迎える。街場での予兆はあったが、この年は「バリスタチャンピオンシップ」世界大会が東京で開催されたタイミングでもあり、本格的にコーヒーへの関心が高まったことから、メディアでもカフェではなく、コーヒーがテーマに取り上げられる頻度が急増した。その画期を告げたマガジンハウスの雑誌『BRUTUS』の「おいしいコーヒーの教科書」特集をはじめ、それまでコーヒーをテーマに扱わなかった料理専門誌やファッション誌の誌面をもにぎわすほどに、コーヒーを取り巻く環境は劇的に変化した。

90年代に現れた「カフェ」と「コーヒー主体の店」との役割分担が明確になってきたこの頃、昔ながらの自家焙煎コーヒー店が再評価されたのは、ブームの隠れた恩恵だった。カフェが増えはじめた初期に、レトロな喫茶店への注目も高まり、一部で「喫茶趣味」ともいうべきジャンルも現れたが、ここにきてコーヒーが主軸になったことにより、世代や新旧の垣根を超えて関西コーヒー界の先達《せんだつ》にも脚光が当たりはじめる。どちらかというと空間や食事が注目されたカフェブームから10年が経ち、以降は喫茶店の基本となるコーヒーを見直す傾向がいっそう顕著になっていく。

その中で、ひと際大きな存在感を発揮したのは《六曜社珈琲店》だった。とりわけ、自家焙煎コーヒー店を志す人々にとって、《六曜社珈琲店》は憧れの存在となり、コーヒー好き、喫茶店好きの若い世代から厚い支持を得る。その《六曜社珈琲店》のマスター・奥野修さんを範とし、《オオヤコーヒ焙煎所》を開いていたオオヤミノルさんは、カフェブーム全盛の中にあっても、自家焙煎で独自のコーヒーを追求していた。

カフェブームは特に意識していなかったというオオヤさんだが、時代の雰囲気は感じていた。

「ちょうど豆を卸していた河原町三条の《café OPAL》に《パチャママ》の常連さんもよく通っていて、『今までと違う喫茶店の楽しみがある、それがカフェっていうんだよ』という話を聞きました。それまでのカフェバーとは違い、ファッション性の高い喫茶店というか、お酒もあるけどコーヒーもきっちりしているというイメージでした」

この頃、オオヤさんは《さらさ》《バザールカフェ》など、一部のカフェに豆を卸していたが、それまでの焙煎業者がしていたような機材や看板などのサービスはしなかった。ただ、それらを求める慣習はまだ根強く、コーヒーの売り方、焙煎卸業のあり方が転換期にあったことを示している。

「コーヒー屋は飲食店のひとつで、コーヒーも料理のひとつ。そう考えると、豆は国名でなく品種や精製方法で選ばれるべきだし、焙煎人による味の違いこそが個性であって、自分の嗜好に合った店との関係作りの始まりにある」

スペシャルティコーヒーが、原料の持ち味を生かすプロセスと科学的なアプローチを持ち込んだのに対して、焙煎を〝(そこに)ある味を残す〟ための調理と捉え、そこにロースターの個性を見出すスタンスを明確にしたことは、のちに続くマイクロロースターの大きな指針となった。

2007年、《パチャママ》時代にオオヤさんに焙煎を師事した瀬戸更紗さんとともに、卸業務を請負うファクトリー《KAFE《カフェ》工船》を京都市内に開店。「コーヒーに関わってきた先人に敬意を持って、その仕事も伝えられれば」と、美山から「ぶた釜」の焙煎機を移し、店内で一杯立てのネルドリップコーヒーを提供。「『とりあえずブレンド』よりは、お客さんの好きな味を見つけてもらう場所に」と、コーヒーのメニューはストレートのみ。客の好みを聞きながら豆の産地を選んでもらい、「あっさり・こってり」で濃度を提案する、取っ付きやすい注文スタイルは、専門店の堅苦しさとは無縁だ。

また、同年には、オオヤミノルさんとの出会いからコーヒーのおいしさに目覚めたという、髙山大輔さんが《かもがわカフェ》をオープン。のちに《六曜社珈琲店》の奥野修さんとの縁も得て、それまでコーヒーは全く飲めなかったのが嘘のように、自ら焙煎し、淹れることが生業になった。

「開店した頃は、個人の自家焙煎店はほとんどなくて。その時に京都の先達に出会えてラッキーでした」

焙煎機は、サンプルロースターを改良した自作の手回し式。まさに手作りの味は、毎日でも飲み飽きない味わいを心がける。とはいえ、「コーヒーはあくまで脇役。話に夢中で飲み忘れることがあってもいい」と髙山さん。そんな懐の深さは、心の師でもある先輩から学んだ京都の喫茶文化の体現でもある。

さらに、《小川珈琲》から独立した寺町靖之さんが三条会商店街に開いた《珈琲工房てらまち》、《高木珈琲》の2代目・北村亮さんの焙煎室として始まった山科の《GARUDA COFFEE《ガルーダ・コーヒー》》も同い年。少量多品種でオーダー焙煎にも応え、多彩な豆の個性を対面で気軽に聞ける《珈琲工房てらまち》、印象的な名付けのブレンドでコーヒーをぐっと身近にしてくれる《GARUDA COFFEE》、いずれも〝街のコーヒー屋さん〟として、地域に欠かせない存在になっている。2007年は互いに呼応するように、地元の系譜に連なる自家焙煎コーヒー店が存在感を発揮しはじめた画期として記憶される。

《王田珈琲専門店》の直火手廻し式焙煎機

この年を境に、2008〜10年にかけては目に見えて新たなコーヒー店が増えはじめ、さまざまなスタイルが広がった新世代の第一波と言える。2008年には、茶室を思わせる凛とした設えのなか、自家焙煎によるコーヒーの〝調味〟の奥行きを感じさせる《直《なお》珈琲》がオープン。2010年には、京都のサイフォンコーヒーの草分け《はなふさ珈琲店》で6年の修業を経た菅原隆弘さんが、元ミルクホールだった建物を改装して《逃現郷《とうげんきょう》》を開店。飽くなき探求心と緻密な工夫で、独自にネルドリップコーヒーの醍醐味を追求する《自家焙煎 王田珈琲専門店》、「百年喫茶」をテーマに、茶道の点前のごとき細やかな抽出で一杯の深みを演出する《喫茶葦島《あしじま》》、さらに2012年には《カフェバッハ》で10年の修業を経た川口勝さんが《cafe de corazón《カフェ・デ・コラソン》》をオープンするなど、いずれ劣らぬ個性派、実力派が同時期に集中して登場した。

また、こうした自家焙煎の店が増えたことで、ロースターの個性をコーヒーの選択肢として提案する、新たなコンセプトを打ち出す店も現れる。プロダクト・インテリアデザイナーである徳田正樹さんが、2009年にオープンした《SONGBIRD COFFEE《ソングバード・コーヒー》》では、地元の《六曜社珈琲店》と《かもがわカフェ》、近県で探し歩いて出合った愛知の《吉岡珈琲》、岐阜の《シェルパコーヒー》を加えた4軒にオリジナルブレンドを依頼。伝えたのは店名のイメージのみだったが、いずれも個性が全く異なる味わいに仕上がったという。

「原料としての豆自体より、焙煎を手がける人の考えや技を感じてもらいたい」

産地や銘柄ではなく〝人〟によって選ぶスタイルは、同じモノ作りに携わる者としての共感から生まれたもの。ありそうでなかった斬新な発想には、日々店に立って焙煎から抽出まで手掛ける作り手への、信頼とリスペクトが込められている。

逆に、特定のロースターと店の味が結びついた形もある。その代表格が、2007年に木屋町の路地裏にひっそりと現れた《エレファントファクトリーコーヒー》だ。

「タバコや本、音楽……コーヒーの周りにある、いい意味で〝ムダな時間〟が好きなんです」

店主・畑啓人さんが、前職の会社員時代から温めていた夢を実現。開店前に各地の店を巡る中で最も好みに合った、北海道・美幌《びほろ》の焙煎所『豆灯』のブレンドは、現地で3日泊まり込んで味を決めた深煎りと中煎りの2種類を提案する。定番でありながら時々の好みでブレンドが順次更新されていくのがユニークだ。

また《御多福珈琲》は、店主の野田敦司さんが、開店前に知恩寺の「手作り市」で3年間出店した屋台で好評を得て、2004年に店を構えた。師と仰ぐ西陣の《珈琲茶館》のコーヒーを使い、独特のリズムで体を揺らしながら湯を注ぐ抽出スタイルも名物に。その後、《珈琲茶館》で焙煎も学び、2015年から自家焙煎もスタート。「おいしいものを作ろうとすると間違う。まじめにやること」という師匠の言葉を胸に刻み、お客さん本位で真摯にコーヒーと向き合う。「屋台での経験は自分の財産」と、今も「手作り市」の出店を続ける野田さん。一杯のコーヒーを通じて、多くの人とつながる体験が、この店の原点だ。実はここは、京都のエスプレッソの元祖として知られた《ちきりや》の跡地。期せずして選んだ場所もまた、コーヒーの縁で結ばれていたのかもしれない。

カフェからコーヒー主体の店へ、かつてない一大転換期は、2007年の雑誌『Meets Regional』(京阪神エルマガジン社)の特集「珈琲ニューウェーブ」の巻頭の一文が、鮮やかに切り取っているので、ここに引いておく。

「ブームの頃のカフェはおしゃれを売っていたが、今はしっかりコーヒーを売っている。時代やなぁ」

6 家庭へのコーヒー普及と個性派ビーンズショップ

スペシャルティコーヒーの普及が進み、新世代店の最初の出店ラッシュを迎えた2007~11年には、各メディアでコーヒーが取り上げられる機会が急増し「劇的に変化」、「目覚ましい発展」、「急速にレベルアップ」といった、コーヒーの世界の激変を強調する言葉が並んだ。

90年代のカフェブーム、シアトル系カフェとスペシャルティコーヒーの浸透、老舗自家焙煎コーヒー店の再評価といった流れを経て、店のスタイルの細分化が進行。コーヒー自体の産地や品種、新旧含めた抽出の方法、器具の選択肢も一気に広がった。それに伴って、店ばかりでなく家庭でもさまざまなコーヒーの個性を楽しむことが日常に浸透しつつあった。また、インターネットが普及したことにより、通販の環境が整ったことも後押しして、各地に豆販売専門のロースターも増えていった。

２０１１年（平成23年）に紫野にオープンした《サーカスコーヒー》は、築１００年を超す元茶舗の木造建築を改装し、「目指すはご近所さんに親しまれる味」という店主・渡邊良則さんが、地域密着のスタイルでコーヒーの楽しみを発信。店の顔でもあるブレンド4種から、希少なマイクロロットまで、幅広い品揃えで客を迎える。

「丁寧に豆のストーリーを伝えられるのが、個人店の良さであり、大事な部分だと思います」

じっくりと会話を重ねることでファンを広げてきた。また以前、西ティモールに暮らした経験から、生産や流通の問題を肌で感じ、サステナブル（持続可能）な方法で栽培されたコーヒーに注目。「産地のことを伝える機会をどんどん作って、そのコーヒーを飲むことで良いサイクルが生まれれば」と発信にも力を入れる。

また、2005年に創業した《Café Weekenders》が2016年に移転し、《WEEKENDERS COFFEE 富小路》として、シングルオリジンを主体にしたビーンズショップにリニューアルを果たした。店主の金子将浩さんは、島根の名店《カフェロッソ》でエスプレッソの魅力に出合って以来、独学で技術を磨き、京都でも先駆けてエスプレッソを主体にしたカフェを開店。2011年、自家焙煎をはじめたのを機に、よりコーヒーに特化したロースターの道へ。「豆の買付けや産地の訪問で、世界のスタンダードに触れる機会が増えたことが大きい」と、原料への知識を深めたことで、より繊細な味作りに磨きがかかった。とりわけ、「ワールド・バリスタ・チャンピオンシップ」2004年度の優勝者である、スウェーデンのティム・ウェンデルボー氏の影響は大きい。

「淹れる技術より、味を判別する技術をもとに、豆に対してどうアプローチするかを考えるようになりました」

原料からトータルでの味作りに邁進する、市中の山居を思わせる隠れ家的な店は、いまや海外から京都を訪れる客にも知られる一軒だ。

さらに同年には、喫茶店黄金時代に創業した《アマノコーヒー》2代目の天野隆さんが、スペシャルティコーヒー専門店として《AMANO COFFEE ROASTERS》をオープン。高校時代から家業を手伝い、長年、コーヒーに携わってきた隆さんだが、《カフェタイム》でスペシャルティコーヒーの醍醐味に出合った時の衝撃をこう振り返る。

「あの時に飲んだコーヒーは、果実感と風味が従来のものと全く違う。帰りも1時間は香りが残っていて。今まで飲んだことがない味で、もう一度コーヒーを勉強し直そうと思いました」

心機一転、店の顔として打ち出すブレンドに加え、COEを含めさまざまな産地、プロセスのシングルオリジンを時季ごとに入れ替える。

「お客さんがおいしいと思うものが一番。変にスペシャルティを持ち上げず、色んな味を楽しんでもらえたらうれしい」

地元の嗜好に合わせた深煎りも定番の人気だ。また、カッピング会やロースト体験も開催し、現役バリスタや開業希望の若い世代が訪れることも多い。「ここでコーヒーの仕事を目指す人が増えたら嬉しいし、応援したい」と天野さん。経験豊富なベテランの新拠点は、コーヒー好きにとって頼れる存在となっている。

一方で、異業種からの転身も少なくない。2013年に開店した《クアドリフォリオ》の店主の山口義夫さんは、設計技師から独学で焙煎に試行錯誤を重ね、《カフェ　バッハ》の田口護さんに師事した。

「焙煎は熱化学反応。職人の勘ではなく、数値を記録してプロセスを構築することで、『ここや』っていうポイントが分かるんです」

数値をもとにしたアプローチは山口さんならではだ。《カフェ バッハ》で飲んだコーヒーのきれいな味を追い求め、7年余の研究の末に供するいずれの豆も精緻な仕事がひしひしと伝わる。澄み切った余韻は、〝技術屋〟ならではのロジックとパッションの賜物だ。

片や、《大山崎 COFFEE ROASTERS》オーナーの中村佳太さん、まゆみさん夫妻は、東京から大山崎に移住したのを機に、趣味で親しんだコーヒーの通販をはじめ、2014年にショップをオープン。ロケーションに捉われないロースターのあり方も、時代の変化のひとつだ。深煎りも浅煎りも「しっとりと角が取れたまろやかさ」を目指し、小型の完全熱風式焙煎機を使用。浅煎りでも20分近くかけて、じっくりと芯まで火を通すことで、柔らかくマイルドな味わいに仕上げる。

「ご近所さんが多いので、産地、精製方法、焙煎度といろんなタイプで、普段飲み出来るものを揃えています」

豆は8種ほどを週替りで用意。胡麻や栗、きな粉など、なじみ深い食材で個性を示すことで、未知の銘柄もグッと身近に感じられる工夫が凝らされている。新鮮なうちに挽きたてを飲んでほしいと、豆の挽き売りをしないのが創業時からのこだわりだ。店舗では購入前に試飲用のコーヒーをまゆみさんがドリップし、その場に居合わせた客にも振る舞う。偶然に思わぬ好みが見つかる魅力もあって、山の気配が間近に迫る住宅街にありながら遠来のファンも多い一軒だ。

2017年開店の《西院ロースティングファクトリー》店主・山下洋祐さんは、さらにユニークな経歴の持ち主だ。バーテンダー、ソムリエとしてホテルや酒販メーカーを経て、コーヒーの世界に飛び込んだ。前職時代に出合った滋賀の焙煎所で製作するローストマシンは、最大250グラムを10分で焙煎できるため、小回りの良さを活かして豆の品揃えも小ロット、多品種で多彩な顔触れに。

「豆を焼き置きせずに提供できるのが強み。回数をこなせるので、焙煎のロジックも掴みやすい」

希少なCOE入賞銘柄をはじめ、幅広い味わいを提案する。個性際立つ豆と、バーテンダーとして培ったサービス精神で、界隈に新たなコーヒーファンを増やしている。

第五章

歴史を受け継ぐ者

2000-2020

CHAPTER 5

Successors of History

1　古都ならではの町家リノベーション

ここで少し時を戻すと、90年代末から2000年代初頭にかけて実にさまざまな店が現れたが、京都独特のジャンルとして「町家カフェ」が現れはじめたのもこの頃だ。

先の「ポン・デ・ザール」問題はもとより、古くは京都タワー、京都ホテル、京都駅ビルなどの建設のたびに、景観を巡る議論が盛んに行われた。京都市では1998年（平成10年）に「職住共存地区ガイドプラン」、2000年に「京町家再生プラン」を定めたが、この間にも多くの町家が失われ、次々とマンションなどに姿を変えた。そこで2003年、「職住共存特別用途地区建築条例」を施行し、現存する京町家の役割を再評価し、再生を支援しはじめたのが後押しとなり、古都の街並みを再生しようという流れが加速した。町家を利用した店は、90年代には物販系が多かったが、2002年以降では飲食系の割合が7割を超えた。こうした流れの中で、開店からしばらくはインド・アジア色が強かった《さらさ》も、ここに至って「町家カフェの元祖」として注目されたことから店の打ち出しも変化。《さらさ西陣》などを手がけたことで、そのイメージはいっそう強化された。

当初は居酒屋やレストランが多く見られた中で、いち早く「町家×カフェ」の組み合わせを示したのが、2002年にオープンした《Café Bibliotic Hello!《カフェ・ビブリオティック・ハロー》》だ。

「開店前はちょうど町家の需要がなくて、空きがいっぱいありました。物件によっては改装が難しいものもあり、伝統的なものが一番評価されなかった時代だったかもしれません」

店主の小山満也さんは振り返る。自身も西陣の帯屋に生まれ、町家が身近にあったぶん、建物としての新鮮味はなかったという。

「町家住まいの経験を生かすよりは拒絶が先にあって、やるなら思い切って好きなようにしようと、過ごしやすくルックスの良い、自分が納得できる空間を形にしたんです」

建物の強度や防音性など難題も多かったが、壁を取り払い2階まで抜いた風通しの良い吹き抜け、高い天井まで達する据え付けの書棚など、斬新な改装は木造ならではのフレキシブルな構造があってこそ。開店後、町家のイメージを大きく変える空間を参考にしようと、訪れる同業者も多かったという。生粋の地元民ゆえに生まれた《Café Bibliotic Hello!》は、開店から20年近く経つ今も町家カフェのパイオニアとしての存在感は健在だ。近年は隣にベーカリーを併設したり、コーヒーの自家焙煎もはじめたりと、新たな試みで進化を続けている。

2階への吹き抜けと天井にまで達する巨大な本棚が、
唯一無二の空間を演出する《Café Biblietic Hello!》

その後、町家を改装した店舗は増え、大手資本が参入するなど広がりを見せていくが、2008年に登場した《カフェマーブル 仏光寺店》は、デザインオフィス《Marble.co》が手がけたというユニークな一軒だ。オーナーの長井秀文さんは、学生時代を京都で過ごし、西陣の町家でデザイナーとして起業。事務所として移転し、スタッフの休憩スペースとして1階を改装したのが、そもそもの始まりだ。

《Café Bibliotic Hello!》とは対照的に、店内はもともとの建物の雰囲気を残している。

「当時は店舗の内装デザインは全くしてなくて、面白い建物を見つけて、それに合った店を作るというやり方をしてました。元材木商の建物なので、柱や梁、土壁なんかも、今では再現できない材料が使われている部分もあり、使い方は全然違いますが、建物自体はそのままです」

町家ならではの設えを生かしながら、名物のキッシュやタルトなど、メニューはあくまでカフェというギャップは、同様の店が増えるにつれ若い世代に評判を呼び、今では国内外の観光客が訪れる名所的な場に。また、当時は静かだった四条通より南のエリアに、にぎわいをもたらす呼び水ともなった。

実は、長井さんは当初、コーヒーが苦手だったというが、開店後、高品質の豆と出合ったことでコーヒーに開眼。今まで飲めなかった人がおいしいと感じるこの体験から、のちに新たなコーヒーショップ《DRIP & DROP《ドリップ・アンド・ドロップ》》の立ち上げへとつながることとなる。

同時期には町家だけでなく、歴史ある建築物を活用する動きもあり、先に触れた《新風館》も元京都中央電話局を改築したものだ。また、市内には明治時代に町衆が建てた「番組小学校」が数多く残っており、学区の統廃合で使われなくなった建物を生かして、２０００年に明倫小学校が《京都芸術センター》に、２００６年に龍池小学校が《京都国際漫画ミュージアム》としてリニューアル。明倫小学校内には、《前田珈琲》２代目・前田剛さんの提案により、《前田珈琲 明倫店》が併設された。《前田珈琲》では、この《明倫店》を皮切りに、市内の寺社や博物館などに個性的な姉妹店を展開したほか、海を渡り北京にも出店。その名は国内外にも広がり、京都の喫茶文化を世界に広めている。

２ 老舗の継承とグローバル化の波

町家再生の動きも手伝って、リノベーション・カフェが充実する一方で、２００６年（平成18年）に名曲喫茶《みゅーず》、2011年にはタンゴ喫茶《クンパルシータ》や《わびすけ》など、老舗喫茶店の閉店の報が聞かれるようになっていた。その状況に一石を投じたのが、半世紀続いた喫茶店《喫茶セブン》を引き継ぎ、2011年に開店した《喫茶マドラグ》だ。

店主の山﨑三四郎裕崇さんは、喫茶店勤務の父の影響で、早くからコーヒーに親しみ、開業を志して学生時代に《フランソア喫茶室》でのアルバイトを経験。厳しいマスターの下で、喫茶業の何たるかを叩き込まれた。

「あのマスターほど喫茶業に誇りをもってる人は、今は少なくなったと思います。自分のスタイルに対してならまだしも、ルーティンの仕事に対してまでこだわる、職人気質の人はほとんどいません」

その後、イベント企画会社に勤めたのち、北白川の《プリンツ》のリニューアルに関わった時に、焙煎家のオオヤミノルさんと出会い、コーヒーに対する考え方が変わるきっかけとなった。

さらに、市内でさまざまなカフェの立ち上げに関わり、《さらさ》で10年間、店舗運営に参加。ちょうど独立を考えていた時、《喫茶セブン》創業者のご子息から声をかけられたのが、

《喫茶マドラグ》の店頭には、今も《喫茶セブン》の看板が掲げられている

開店の契機となった。

「ちょうど《クンパルシータ》や《みゅーず》など老舗の閉店を目の当たりにし、《みゅーず》の椅子もいつか使う時が来ると思って、家に引き取って保管していました。だから、声をかけていただいた時に、『これは偶然ではない』と思い、その日のうちに即決しました」

半世紀続いた《喫茶セブン》の歴史を残しつつ、全面的にリノベートした空間は、フロアの雰囲気はそのままに、映画のポスターなどを組み合わせたインテリアで新しさを加味。《みゅーず》の家具、カトラリーやグラスもここで引き継ぎ、さらにコーヒーも、ネルドリップ12杯立ての《喫茶セブン》流を踏襲して、豆の仕入れ先に以前と限りなく近いブレンドを依頼した。また、喫茶店に欠かせない軽食メニューには、今は無き《洋食コロナ》直伝の玉子サンドをはじめ、ナポリタンにカレーライスなどを充実させた。

同時に、京都の昔ながらの喫茶店を残すため、独自に「京都喫茶文化遺産」の活動を開始。

「後継者がいないことで、多くのお店がなくなってしまいました。《クンパルシータ》がなくなった時に、何もできなかったのが悔しかった。だから、《喫茶セブン》の継承は、京都喫茶文化遺産のモデルケースを作ろうという意図もありました」

ちょうど70代のマスターが多くなった世代の節目の時期。実際に継承したい人を増やし、関心を持つ人の裾野を広げ、発信することも《喫茶マドラグ》の役割のひとつだ。最近では、立ち退きした鴨川沿いの《リバーバンク》の家具什器一式を引き取ったほか、閉店した《喫茶アローン》の名物・ジャンボオムライスの復刻も考えているという。

近年は「カフェ」と「喫茶店」の違いといった話題もよく聞かれるようになったが、山崎さんの思いは揺るぎない。

「カフェは店が作る文化で、お客さんが選んで入る。喫茶店はお客さんが作る文化で、気分によってふらりと入る場所。かつてのカフェブームの頃から、喫茶店で働いていましたが、年々カフェの定義が広がり、境目がなくなってきました。ただ、喫茶店は街の〝止まり木〟ですから、特別なものではなく、街に根ざした場所。ただ休むための間口の広さ、さりげなく寄れる使い勝手の良さがある。この店も、古くて新しい憩いの空間を提供し続けていきたいですね」

老舗が残した空気を次代に伝える動きから、《喫茶マドラグ》のように古い喫茶店を引き継いで新たに開店する〝継承喫茶〟ともいうべき店は各地で増えつつある。しかし建物やメニューばかりでなく、世紀を超えた老舗の哲学も受け継がれている。《イノダコーヒ》で18年の修業を経て、2015年に独立した《市川屋珈琲》の市川陽介さんも、その一人と言えるだろう。清水焼の陶工である祖父、父を持つ市川さんは、父の影響で早くから家庭でコーヒーに親しみ、学生時代にはフライパンで豆を煎って、友人に振る舞うまでになっていた。

「味を追求するというより、コーヒーを作って、出すということ自体が好きでしたね。たくさんの人に喜んでもらうことが、今に至る原点です」

長じてのち、「お店をやるならば、京都で一番伝統のある喫茶店で学びたい」と《イノダコーヒ》の門を叩き、創業者の甥で三条店の名物店長だった猪田彰郎氏の薫陶を受けた。柔和な物腰と端々まで目が行き届いた《市川屋珈琲》の雰囲気は、彰郎氏が体現した〝イノダ

イズム〟を肌で感じた経験の賜物だ。

独立の際は、かつて祖父、父の工房だった築200年以上の建物を残すべく、町家専門の大工の手で改装。開店の5、6年前からは本格的にコーヒーの焙煎もはじめ、かつて陶芸用の窯があった場所に焙煎機を設置。作るものは違えども、奇しくも〝窯で焼く〟ことが生業になったのは、血筋が導いた縁かもしれない。「お一人様も家族連れも、老若男女問わず喜んでもらえる店にしたくて」と、定番のコーヒーはブレンドのみ。シンプルに甘み、酸味、苦味の3種で、分かりやすく味わいを提案。ブレンドの個性にあった異なるカップで供するのも心憎い。

修業時代、客が通い続ける店には、整然とした佇まいと変わらぬ美意識があることを感じた市川さん。

「コーヒーの味だけでなく、店の雰囲気や店主の振る舞い、全てがおいしさにつながります。ゆっくり寛いでほしいとの思いがあるので、『帰りたくない』と言っていただけるのは最高の褒め言葉です」

居心地の良さは店構えに現れる。それもまた、老舗で体感した哲学のひとつだ。

年季を重ねた老舗や、古き良き京都の喫茶文化が継承される一方で、京都から世界に向けて魅力を発信する店も現れる。２０１０年代に入ると、飲食店に限らずさまざまな分野でグローバル化が進み、京都の主要産業でもある観光では、訪日外国人観光客が目に見えて増加した。２０１１年に国内のインバウンド観光客は１０００万人を突破、２０１５年には京都市の外国人宿泊客数が過去最高の３００万人を超え、いまや京都のカフェや喫茶店では、外国人の姿は珍しくなっている。世界中から観光客が訪れる伏見稲荷大社の山内、薬力社前で代々続く茶店の9代目・木村茂生さんが開いた《Vermillion café《ヴァーミリオン・カフェ》》は、そんな今の時代を反映するような一軒だ。

オーストラリアで18年を過ごした木村さんは当初、現地で開店を考えたが、「あんなに良い所にいるのになぜ?」との友人の一言が転機となり、帰国後の２０１３年に開店。「お客さん同士が会話して情報交換できる場にしたかった」という店内には、日々、さまざまな国の言葉が行き交う。コーヒーは海外の人にも馴染み深い味を求めて、《WEEKENDERS COFFEE》にブレンドを特注。エスプレッソはもちろん、現地で定番のラテ、フラットホワイトも好評だ。現地風のメニューに多国籍なスタッフと、店のスタイルは異なれど、この地で〝茶店《カフェ》〟を営むことになったのは、お稲荷さんとのご縁ゆえかもしれない。

さらに、「世界に通用する日本発のコーヒーブランド」の旗艦店として、八坂の塔を仰ぐ参道に現れたのが《%ARABICA《アラビカ》》だ。香港に拠点を置く日本の老舗商社が手がける新展開として、いまや世界各地に進出している。その始まりにして、国内の拠点と位置付けているのが、ここ京都だ。伝統的な街並みにひと際目を引く白亜の店は、今では外国人観光客の間で定番の拠り所となり、朝からにぎわいが絶えない。コーヒーは、ハワイの自社農園産やオーナー自ら吟味した稀少なスペシャルティグレードを含め、常時10種以上を揃える。豆は注文を聞いてから、その場で焙煎して販売。シアトルの高性能エスプレッソマシン「スレイヤー」を駆使して淹れる一杯は、美しいラテアートとともに楽しめる。すでに世界各国に支店を展開し、農園からカップまでトータルで提案するスケール感と、洗練されたプレゼンテーションで人々を魅了。「See the world through coffee」をモットーに、地域や国の枠を超えて支持を得る、まさに新時代のコーヒーショップと言えるだろう。

3　時代の変転を超えた老舗のそれから

戦後の70余年、時代の移り変わりとともに失われた店も多いが、その中でも、変化を乗り

統一された現代的なデザインが
伝統的な街並みに異彩を放つ《% ARABICA》

越えながら、幸いにして継承された老舗も少なくない。

《スマート珈琲店》では、3代目の元木章さんが大学卒業後に店に入り、2000年（平成12年）からは原点でもあるランチを再開。章さんはそこでやめるつもりが、仕事が面白くなって、店の経営に本腰を入れるようになった。ランチの復活とともに、創業以来の名物メニューの魅力も改めて見直してきたという元木さん。

「個人的には玉子サンドが好きです。実家にいる時に友人が母の玉子サンドがうまいと喜んでいたのを思い出して、よほどうまかったんやなと。でも、中にいるとそのすごさが分からないんですね」

客の声から、古い店にしかない魅力に気付かされることも多く、創業時から変わらぬホットケーキも今の時代に受け入れられ、隠れた人気メニューだったフレンチトーストも、改めて打ち出すことで人気を得た。

エチオピア、ブラジル、コロンビア、ジャワロブスタのベースに、時々の豆の状態によって変わる1種を加えるコーヒーも、変わらぬ味を守り続ける。

「うちらの商売はモノを売ってるんと違う。料理を作ってるんと違う。手間を売ってる商売なんや」

章さんは店を継ぐにあたって、先代からこんな言葉をかけられたという。

「ここに来てこそ味わえるものを提供し続けていきたい」

初代が創り、2代目が守り、3代目が磨きをかけるスマートの粋は、時代を超えた喫茶店の醍醐味を体現している。

一方、地場産業の衰退や初代の急逝も重なり、一時は店を閉じることも考えていたという《喫茶チロル》は、2011年、店の常連でもある地元の人気劇団「ヨーロッパ企画」が手がけたドラマの舞台となったことを機に、若い世代が老舗の魅力を再発見する。この店ならではの雰囲気は、同劇団の作品の源泉ともなり、そこから生まれた『冬のユリゲラー』(のちに『曲がれ!スプーン』に改題)では舞台のポスターに使用され、映画化の際に登場する喫茶店のモデルになった。

「映画に出て以来、カレーの反響がすごくて。みんな感動して帰ってくれるけど、どこに感動してるのか知らんのは、中の人だけ?」

店主の秋岡さんは笑う。やがて遠方からもファンが訪れるようになり、2014年からは劇団へのメッセージノートも設置。秋岡一家のホームメイドなもてなしとともに、ファンの聖地としての魅力も加わった。

ジャズ喫茶の《jazz spot YAMATOYA》は2013年にリニューアルを経たが、装い新たになったのは店内だけにあらず。コーヒーにも新たな趣向が凝らされた。定番の《玉屋珈琲店》特注のブレンドを改良し、北海道・美幌の焙煎所《灯燈》のトラジャを新たに加えて、苦味と酸味の2種の個性を提案。「せっかく来ていただいたのだから、少しでもいいものを」と、上質の音と味に磨きをかける。「ジャズ喫茶」という形態は近年、日本独特のスタイルとして海外から注目を集め、世界的なジャズメンがお忍びで訪れることもある。良い音との出合いを楽しむ、気取らぬ空気は創業以来そのまま。名曲になぞらえるなら、かつてを懐かしみ訪れる客にとってここは、まさに〝Unforgettable《アンフォーゲッタブル》〟な存在であり続けている。

《珈琲の店 雲仙》は長年、店の味を守り続けた2代目の禮子さんが2015年に倒れ、3代目の高木利典さんが仕事のかたわら店に立つことに。急なことだったが、焙煎だけは1年ほど禮子さんに手ほどきを受けていたのが、店の再開にあたって唯一の救いだった。創業時と変わらず、4種の豆を混合焙煎。かつては煎りムラも気にせず使っていたが、今は焙煎後にハンドピックしてチャフを振るい、3代目としてより丁寧な仕事を心掛ける。とはいえ、「まさか自分でやるとは思わなかったので。まだまだ修業中」と、今は自ら〝丁稚〟と称する利典さん。現在は日曜のみの営業となったが、それでも昔と変わらぬ姿を留めていることは、望外の幸いだ。

また、《珈琲の店 雲仙》と同時期に創業した《喫茶 静香》でも、1988年（昭和63年）に初代の宮本良一さんが他界して以来、約30年にわたり店に立ち続けてきた2代目の和美さんが、大病を患い半年間の休業を余儀なくされた。一時は店を閉めることも考えたが、甥夫婦が継承し、2016年から再開した店には、年代物のストーブやレジなどの調度はそのままに、創業時を支えた焙煎機を窓際に展示。代替わりを機に、ネルドリップからサイフォンに変わったコーヒー、モーニングやランチも好評を得ている。宮本さん家族と客の記憶を留める老舗の物語は、また新たなページが日々書き加えられている。

《喫茶 ゴゴ》では、2016年に名物マスターが亡くなった後を、義娘にあたる由美さんが、2代目として店を切り盛りする。「店を継ぐことは決めていませんでしたが、マスターに頼まれて手伝ったら、思いのほか面白くなったんです」とはいうものの、コーヒーについてはまったくゼロからのスタート。「先代の経験には追いつけないですが、気持ちは同じように持っています。でも最初は自分で淹れたコーヒーをマスターに出して、飲んだ後に首を傾げるのが怖かった」と苦笑する。それでも今では、サイフォンで抽出したコーヒーを再度沸かし上げる、通称〝ツバメ返し〟も堂に入ったもの。「落ちはじめに合わせて上げるのが理想。

2回目の攪拌の時にふっと手が軽くなる感覚が上手く入った目安」と、先代の姿を見て勘所をつかんだ。かつては男性客が多かったが、今は女性客も増え、お店の雰囲気も変わったものの、それでも日々通う常連客を離さない、大らかな街の社交場の空気はそのまま。

「ある学生さんから、『ここに居たら時間を吸われる』って言われたこともありましたね」

客の声が、この店の居心地の良さを教えてくれる。入口横の出窓では電熱式の小さな焙煎機が、香ばしい薫りを通りに振りまきながら、今日も界隈に店の開店を知らせている。

本書でもたびたび登場した《六曜社珈琲店》では、2006年に初代の實氏が亡くなったのち、2013年から1階の主が3代目の奥野薫平さんに変わった。当初、店を継ぐつもりはなかったが、高校卒業後に働きはじめた《前田珈琲》での経験が転機になった。長年、家族で店を続ける真摯な姿勢を目の当たりにし、改めて《六曜社珈琲店》の存在の大きさを思ったという。

「ここにはお客さんそれぞれが思う理想の姿がある。土地に根づいて信念を持って続けることが大事。店の歴史が背筋を伸ばしてくれます」

実は、祖父の實さんが「親子三代が立つ店」を思い描いていたことを、薫平さんが知ったのは、亡き後のこと。

《六曜社珈琲店》の三代目で、1階店を仕切る奥野薫平さん

「20歳の時、家業を継ぐ意思を伝えると〝任せる〟と言ってくれて。同じことを思っていたので悔しいですね」

それでも、紆余曲折はありながら、18年には店の入る建物も購入して法人化し、自ら社長となって「創業100年」を掲げて家業に邁進。2020年に《六曜社珈琲店》は創業70周年を迎えた。時は移ろえども、「ここは変わらないね」と言って帰れる場所であり続けている。親子三代でつないできた、日常に寄り添うコーヒーがあることは、客席で感じる以上に奇跡的なことなのだ。

4　サードウェーブ到来とトップバリスタの新展開

一部では「スペシャルティコーヒーはもはやスペシャルではない」との声も聞かれるほど、2000年代に一気に進んだコーヒー業界の大転換は、人々のコーヒーに対する味覚、嗜好をも大きく変えた。相次いで開店するコーヒーショップやロースターのみならず、外食チェーンやコンビニに至るまで、コーヒーのクオリティが格段に向上。2008年（平成20年）にマクドナルドがコーヒー豆のグレードを上げ、2013年から大手コンビニ各社がコーヒーの提供を一斉に開始し、全国あまねくクオリティの高いコーヒーが広まりつつあった。何より1杯100円程度という価格も手伝って、今やカフェや喫茶店に代わって、「コンビニでコーヒー」は当たり前の選択肢になった。

また、2014年はフランスの《クチューム》や、ニュージーランドの《オールプレス エスプレッソ》など、アメリカ以外の国からも、ご当地カフェの日本初出店の話題が相次いだが、そこへ飛び込んできたのが、アメリカのサードウェーブの旗手《ブルーボトルコーヒー》日本進出のニュースだ。翌年、満を持してオープンした日本1号店には、開店前から長い行列ができ、数時間待ちとなったことはまだ記憶に新しいだろう。日本ではこの《ブルーボトルコーヒー》上陸からサードウェーブの流行が始まったように思われるが、アメリカではすでに10年以上前から〝波〟が起こりはじめていた。アメリカ西海岸から起こった第3世代のコーヒー熱が、遅まきながら日本にも伝わってきたのだ。《スターバックスコーヒー》以来の話題沸騰ぶりもさることながら、これを機にサードウェーブというワードはライフスタイルを表現する言葉としても浸透。コーヒー業界の一用語を超えて広く波及するというインパクトは、今までになかったことだ。

とはいえ、一見、最新のスタイルをもたらしたように見えて、自家焙煎でペーパードリップ、目の前で一杯立てするという流れだけを取り出せば、決して珍しいものではない。創業者のJ・フリーマンが、日本の喫茶店にインスパイアされたのはよく知られたことで、むしろ《ブルーボトルコーヒー》上陸を機に、改めて喫茶店の存在が注目されるようになったことに留意すべきだろう。近すぎるものの魅力には気付きにくいもの。外から言われて初めて気づくのは、日本文化の再評価でお馴染みのパターンだ。ここにきて、従来のドメスティックな喫茶店からシアトル系カフェ、マイクロロースターやスタンドなどのスペシャルティ

《Okaffe Kyoto 嵐山》の店前には渡月橋と嵐山の贅沢な景観が広がる

コーヒー専門店、さらにはファストフードやコンビニまで、先鋭と懐古が入り混じり、コーヒーにかつてない選択肢の充実が訪れる。

２０１５〜16年の京都では、ここまでコーヒーシーンを牽引してきたバリスタ・ロースターの新展開が目立った。まず、《小川珈琲》でバリスタとして活躍した岡田さんが独立して《Okaffe Kyoto》を開店。「自分の店を開くなら地元で長く続けたいし、生涯現役でコーヒーを淹れていたい」と、老舗喫茶店の跡地を改装した空間は、もともとは喫茶店開業を目指していた岡田さんにとって12年越しの原点回帰だ。地元の人が集まる場所として、コーヒーの種類もシンプルに3種類。うち2つはブレンドで、苦味の「ダンディ」、フルーティーな「パーティー」で味の個性を提案する。

「コーヒーは生活に寄り添っている飲み物なので、何気なくおいしいと感じていただけることが大事。それよりも、お客さんにとっての〝この一杯〟を上手くコントロールするのが、サービスマンの腕の見せ所です」

舞台は変わっても、目の前の客に楽しんでもらうというモットーは変わらない。その後、2019年には嵐山に姉妹店をオープンし、自家焙煎もスタート。2020年にシュークリーム専門店《AMAGAMI》を開店するなど、新たな試みで話題を集めている。

一方、数々のラテアート競技会で優勝経験を持ち、各地で技術指導も行うトップバリスタとして、国内外で活躍する大西剛さんも《ワールドコーヒー》から独立し、2015年に《Latteart Junkies Roastingshop《ラテアート・ジャンキーズ》》をオープンした。2016年には北野天満宮前に2号店、2017年に洛西口に3号店を開き、着実に地元の支持を獲得している。長年の経験を元に、時季ごとに吟味するコーヒーは、果実や花、木の実など個性的な風味を持つ、スペシャルティグレードの豆のみ。豆の選定から焙煎、抽出まで手掛けるトップ・オブ・トップのコーヒーの醍醐味を発信する。さらに、「豆の魅力を余す所なく引き出すため、絶えず技術を磨き、工夫を重ねるのがバリスタの仕事」と、焙煎機のカスタムから抽出機器、浄水器にまでこだわ

《カフェマーブル》《DRIP & DROP COFFEE》各店のコーヒー豆を担う拠点とも言える焙煎所

り、素材本位の味作りを追求。エスプレッソや繊細なアートが楽しめるカフェラテも、コーヒーの旨味と香りを凝縮するバリスタの確かな技術があってこそだ。

さらに、《カフェマーブル》を手がけた《Marble.co》が2015年に立ち上げたのが、新展開となるコーヒースタンド《DRIP & DROP COFFEE SUPPLY《サプライ》》だ。「〃自分だけのおいしい〃に出会えるスタンド」と銘打って、豆の種類はもちろんフレンチプレス、エアロプレス、ペーパードリップと、抽出方法まで選べるユニークなスタイルで、多彩なコーヒーの楽しみ方を提案している。2018年には、バリスタとして《小川珈琲》で活躍し、ラテアート世界大会にも出場した実力派・林伸治さんを迎え、焙煎やブレンドなど、コーヒーの味作りに注力。翌年には専用の焙煎所《DRIP & DROP COFFEE ROASTERY》も新設し、《カフェマーブル》のコーヒーの焙煎も担うラボ的な機能を持った拠点として、今後の新たな展開が期待される。

さらに2015年には、スペシャルティコーヒー専門店として全国区の存在になった《Unir》が、本店を移転、新装。豆の販売はもちろん、焙煎室やバリスタのトレーニングルーム、カッピングルーム、スイーツ工房も備えたカフェを併設した新拠点は、《Unir》の新たなシンボル的な存在に。「このカフェは地元への恩返しの意味もあります。ここまで続けて来られたのも、地元の方に支えられてきたからこそ」と山本さん。その後、2018年のJBCで知子さんが、ついに念願の初優勝。平成最後のチャンピオンとなった。

「振り返れば、初めて産地を訪問して以来、生産者の思いに触れたことで、コーヒーへの思い入れも深まりました。産地から届く豆の魅力を、直接、お客さんに届けるバリスタは〝コーヒー伝達の大使〟。スペシャルなおいしさと品質を伝えられる存在でいたいですね」

以前は共同購入だった豆の仕入れも、翌年にはすべて独立して扱う完全なダイレクトトレードへシフト。これを機に、スタッフの産地視察にも力を入れ、知子さんの世界大会出場とともに、海外へ向けても《Unir》の存在を広めている。

5　新たな趣向を打ち出す新世代コーヒーショップ

近年、再び増え続けるコーヒー店には、さらに独自のコンセプトを打ち出す店も多い。中でも、さまざまな建物、立地を生かしたリノベーション・カフェにその傾向が目立つ。京都市北区・北大路橋のほど近くに２０１５年（平成27年）にできた《WIFE & HUSBAND《ワイフ・アンド・ハズバンド》》は、その筆頭格だ。元おでん屋のカウンターをそのまま残した空間もさることながら、魔法瓶に入れたコーヒーにラスク、マグが詰まったピクニックセットを手に、賀茂川べりでティータイムを楽しめる趣向も、ここならではだ。さらに、店主の吉田恭一さんは、紅茶専門店で10年を経て店を開いたという、ユニークな経歴の持ち主。一見、対極にあっても同じ嗜好品。「オリジナルの味が作れるのが魅力」と、自ら焙煎も手がけるコーヒーの味作りには、紅茶の世界で培った味覚の経験が生かされている。試行錯誤を重ねた焙煎に加えて、抽出にも工夫を凝らす吉田さん。メリタのドリッパーを使い、切れ目なく豆に湯を注ぎ続ける、独特の感覚の先に「体に染み渡るような飲み応え」をイメージする。２０１８年に焙煎所とアンティークの販売を兼ねる姉妹店もオープン。コーヒーとピクニック、アンティークの三位一体で、暮らすように楽しむ寛ぎの時間を届けている。

同じ2015年オープンの《珈琲 二条小屋》は、立地のユニークさも目を引く一軒。うっかりすると見過ごしそうな、駐車場の奥にひっそり立つ店構えは、紛うことなき〝小屋〟。「もともとは住まいを探していたのですが、面白そうな物件を見つけてしまって」と、店主の西来昭洋さん。この場所との出合いを機に建築関係の仕事から転身。前職の経験を活かして、築70年の建物をほぼ自力でリノベートした。西来さんは地元・神戸の老舗にして、炭火焙煎の元祖《萩原珈琲》でコーヒーの醍醐味に目覚めて以来、独自に抽出の研究を重ね、開店にあたっても自らのルーツである《萩原珈琲》の豆を自家配合でブレンド。1杯28グラムを使う贅沢な味わいで支持を得て、オリジナルのドリッパーも考案中と探求心は衰え知らずだ。

さらに、古い建物の中に驚きの別世界を演出したのが、2016年開店の《エントツコーヒー舎》だ。「イメージは宮沢賢治作品のような温かみ、寓話的な絵本の世界。まずストーリーがあって生まれた空間。ゼロから形を作りだすのは映画と同じ」という店内は、映画制作の仕事から転身した店主・高村賢さん自ら1年半がかりで造り上げたもの。コーヒー好きが高じて、開店後に本格的にはじめた焙煎は、屋根裏に作った専用の焙煎室で行う。ハシゴ

で上り下りする様子は、子供の頃に思い描いた秘密基地そのもの。ファンタジーと遊び心が随所に詰まった店に訪れれば、「どこでもないどこか」へと誘われる。

「独特の世界観」ということで言えば、2017年に登場した《Walden woods kyoto《ウォルデン・ウッズ・キョート》》は、今までにない斬新なリノベートで一躍、京都の新名所にまでなった注目の新星だ。築100年近い建物の内部は、まさに「白亜の空間」で、2階は仕切りを全て取り払い、ひな壇状のフラットな客席に姿を変えた。

ファッションブランド「n°44」のクリエイティブディレクターでもある嶋村正一郎さんが手がけたこの店は、アメリカの思想家、H・D・ソローが孤独な生活に自由を求めた

京都における新世代コーヒー店の代表格《Walden Woods Kyoto》。白に統一された店構えは、もはや京都の新名所とも言える存在感を放つ

「ウォールデンの森」がモチーフ。「訪れた人たちが思い思いに、自由に過ごすことができる場所に」との思いから生まれた、今昔が融合した空間は、店先に公園が見える静かなロケーションも相まって、さながら「白い森」の中にいるかのようだ。１階の奥に鎮座するドイツ・プロバット社の焙煎機は、１９６６年製の機体をレストアした、この店のシンボル的存在。フローラルな香りが立つ中浅煎り、コクのある中深煎りの２種の看板ブレンドの味わい、フランス軍用ビンテージのトレーやランタンといったアイテムは、真っ白な世界で人の手の温度をいっそう感じさせる。

6 新旧の店が共存する〝コーヒーの街〟

新たなリノベーション・カフェが台頭する一方で、コーヒーを主軸に据えた専門店も負けず劣らず。「京都とニューヨーク、両都市のカルチャーが融合する場所に」と、2015年(平成27年)に登場した《Knot Cafe《ノット・カフェ》》では、ニューヨークのサードウェーブの先駆けのひとつ《CAFE GRUMPY《カフェ・グランピー》》のフルーティーな中煎り、山科《GARUDA COFFEE》のコクのある深煎りの好対照な2種を提案。時に、知る人ぞ知るブルックリンの新鋭ロースター《SEY《セイ・》 COFFEE《コーヒー》》の豆が楽しめる。また、日本初上陸のブルックリン《nunu chocolates《ヌヌ・チョコレート》》と、《千本玉壽軒》《長五郎餅本舗》といった地元の老舗和菓子舗とのコラボレーション和菓子や、アメリカで「スライダー」と呼ばれる丸パンに挟んだ分厚いだし巻サンドなど、和洋を巧みに結び付ける新たなスタイルで個性を発揮している。

また、スペシャルティコーヒーが認知されて20年近く、すでにスペシャルティ・ネイティブともいえる、新世代の店も生まれている。2017年にオープンした《珈琲焙煎所 旅の音》のオーナー・北辺佑智さんは、学生時代にカフェでのアルバイトを経験し、食品卸売りの仕事のかたわら、毎週末を自宅で焙煎に明け暮れ、タイの農園を訪ねてコーヒー栽培の現場も体感。「いつかはお店を」との思いを20代にして実現した。「産地ごとの特徴と焙煎度の組み合わせから生まれる、風味の幅広さを出せれば」と、シングルオリジンで6種を揃える豆は、極端な浅煎りを避け、親しみやすい中深から深煎りでスペシャルティの個性を表現。いたずらに言葉を重ねず、ビーカーに詰めた豆の香りを感じてもらい、「コーヒーでコミュニケーションを取る」提案を心がける。

「今後は定期的に産地を訪れて、コーヒーの持つストーリーを伝えていきたい」

新たに縁を得た産地のコーヒーを提供する一方で、2019年には元煙草屋を改装したコーヒースタンド《MAMEBACO》をオープンするなど、新世代ロースターとしての存在感を広めている。

片や、2010年に六原で開店した《コーヒー&ワイン ヴィオロン》は、2018年に木屋町へと移転し、夜のみの営業になった。雑居ビルの奥にある隠れ家的なカウンターは、まるでバーの趣だ。店主の足立英樹さんは、《フランソア喫茶室》で喫茶修業を積んだのち、ワイン専門店にも在籍した経験から、「ワインのような複雑な味わいのコーヒー」を目指し、試行錯誤を重ねてきた。手回しの焙煎機で香りを頼りに細かく煎り分けるコーヒーは、ブレンド一本で勝負。多彩な豆の個性を、ネルドリップの一杯に凝縮する。

「温度変化でいろんな味や香りが出てくるネルならではの味わいは、ワインに通じるものがあります」

滑らかな口あたりと、酸味や苦味が織りなす濃密なボディ、何より余韻に漂う芳香が印象的な一杯は、ワインを飲んだ後の締めにも似つかわしい。

「コーヒーもワインも、単一品種だと原料ありきになりがちですが、ブレンドは自ら手をかけて〝店の味〟が出せる。ブレンドワインの究極ともいえるシャンパーニュの『クリュッグ』のようなコーヒーを目指したい」

シングルオリジンが主流になったコーヒーシーンの対極を行く、足立さんの探求心はまだまだ尽きないようだ。

2016〜19年にかけては、再び市内に新店舗のオープンラッシュが訪れる。ロースターをメインに据えたカフェやコーヒースタンドが多くを占めるが、隠れ家的なカフェやクラシカルなコーヒー専門店も存在感を発揮している。時代の新旧を問わず、多彩なアプローチで古今のコーヒーの魅力を発信する店の広がりとともに、コーヒーを楽しむイベントの開催も

複雑な味わいのネルドリップ
コーヒーを提供する《コーヒー
＆ワイン ヴィオロン》

新たな動きのひとつだ。2016年に旧立誠小学校内で開店した《TRAVELING COFFEE《トラベリング・コーヒー》》が中心となってスタートした《ENJOY COFFEE《エンジョイ・コーヒー・》TIME《タイム》》は、年々規模を拡大しながら定着している。

そもそもは、2015年に開催されたアートイベントの際に期間限定で始まり、界隈の交流拠点として親しまれている《TRAVELING COFFEE》。メニューには、店主の牧野広志さんが日々足を運ぶ地元のロースター5、6店から、時季替わりで豆をチョイスしている。牧野さん好みの中南米の産地に絞ったラインナップも実にユニークだ。また、開店と同じ年に、全国各地のコーヒー店を集めたコーヒーマルシェを開催。これを機に、地元ロースターに特化して立ち上げたイベントが《ENJOY COFFEE TIME》だ。

《TRAVELING COFFEE》店主の牧野さん

「今のコーヒー熱を流行で終わらせないために、横のつながりができる場を作りたかった」

エリアや業態の枠を超えて、京都のコーヒー文化を広げるべく奔走《ほんそう》。イベントを機にロー

2018年に《ブルーボトルコーヒー京都》、2020年には《スタンプタウン コーヒーロースターズ》と、海外からの新たな顔ぶれも増えているが、「京都にはエリアごとのカルチャーがあり、普段使いの店や観光客が行く店など、住み分けがあるので共存できるはず」と牧野さんは意に介さない。むしろ、店どうしが点から線、面へとつながるこの街の懐の深さが、独自の喫茶文化を醸成する所以なのかもしれない。

観光地、職人町、学生街、盛り場と、街区ごとに根づいた多彩な喫茶店、カフェが点在する街は、全国でも稀有な存在だ。独自の喫茶文化を受け継ぐ老舗と、新風を吹き込む次世代の店が共存し、個性を発揮する京都は、〝コーヒーの街〟としての新たな魅力を増しつつある。

特別対談

木村衣有子（文筆家）×田中慶一

喫茶店から〝京都っぽさ〟を探してみれば

「食」に関するエッセイを中心に、さまざまな媒体で活躍する文筆家・木村衣有子さん。実は著者とは大学の同級生であり、ミニコミ誌を共同制作していた旧友でもある。奇しくも木村さんは《喫茶ソワレ》、著者は《フランソア喫茶室》でアルバイトをしていたのだから、二人の「喫茶店」愛は筋金入りだ。90年代のカフェブーム真っただ中に、京都の大学生として同じ空気を吸っていた木村さんと当時を振り返りながら、喫茶店とコーヒーについて思う存分語り合った。

地元密着で受け継がれる喫茶文化

田中　今日は元アルバイト先に錦を飾るということで、会場をここにさせてもらいました（笑）。

木村　なるほど、それは素晴らしい。私は対談の資料用に『marie=madeleine《マリー・マドレーヌ》』（以下『m=m』）を持ってきたよ。

田中　おー、これはまた懐かしい……。

木村　久々に読んだらおもしろかった。部分部分は「つたないわ～」って思うし、全然覚えてないものもあって。

田中　ここから『甘苦一滴《あまにがいってき》』が独立して、それが今の仕事につながって、早20年……時が経つのは早い。

木村　『m=m』を作っていた2000年前後は、猫も杓子も〝カフェ〟って感じで、熱に浮かさ

『marie=madeleine』
「コーヒーとフランスかぶれのための小雑誌」として、木村・田中の2人が自主制作・販売していたリトルプレス。1999年に創刊し、2001年まで、通巻4号を発行。

『甘苦一滴』
『marie=madeleine』の連載「珈琲研究所」を引き継ぎ、「珈琲と喫茶店にまつわる小冊子」として、筆者が自主制作で発行するフリーペーパー。2001年に創刊し、全国の喫茶店・カフェなどに配布。2018年までに通巻20号を発行。

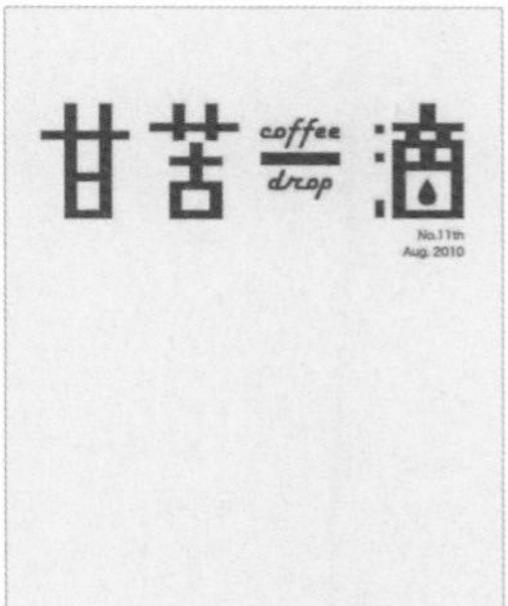

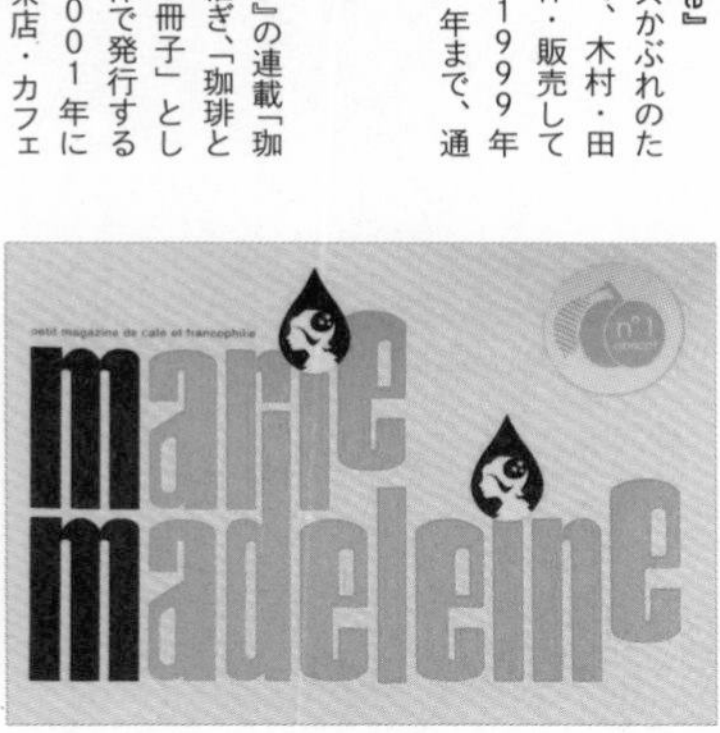

れていたような感じだった。当時はソファとかBGMとか、インテリアと空間の話がメインで、コーヒーの話題もあったけどそれは一部分。中身よりむしろカップの話のほうが多かったくらいで。

田中　あの頃に新しくできた店で「〇〇コーヒー」なんて屋号は、ほぼなかったもんね。

木村　だから当時、このミニコミで、アンチテーゼ的にコーヒーを取り上げたの。ただ、できる範囲でコーヒーのことは調べ上げたつもりだったけど、なんか抜けていることがいっぱいある。

田中　だいぶあった(笑)。今回の取材の後だと、その時に調べた内容は氷山の一角くらいの感じ。

木村　それは言い過ぎだけど、まぁ富士山の五合目くらいかな。そういえば、『m=m』の「自家焙煎珈琲ができるまで」という特集で、《六曜社珈琲店》に取材に行ってたよね? 記事にしようと決めた理由が思い出せなくて。

田中　確か、「産地よりも焙煎度のほうが味への影響が大きい」みたいな話を聞いて、京都で焙煎のことを聞くとしたら、あの頃は奥野修さんしか思いつかなかった。多分、《六曜社珈琲店》の焙煎所まで追っかけて取材したのは、我々が初めてじゃないかな?

木村　今からすると当たり前のように思っちゃうけど、その頃、焙煎の参考文献って専門書しかなかったからね。

田中　そうそう。オオヤミノルさんも言ってた。その当時は《カフェ バッハ》の田口護さんの本しかなかった。

木村　でも、田口さんの本をみんなが読むっていう時代は、けっこう長く続いたよね? 教科書的に理論がまとまっていたから。

田中　多分80年代から2000年くらいまで

は、直接か間接かっていうのは置いておいて、何かしら田口さんに影響を受けた人が多いと思う。ただ、今回改めて振り返って、修さんが自家焙煎をはじめたのが1984年頃というのは、意外と最近だったんだなと思って。感覚的にはもっと以前からと思っていたけど。

木村　そういう意味では、時系列で見るとだいぶん若いんだ。

田中　第何次かはわからないけど、「自家焙煎ブームがあった」って話に聞いていたのが、その辺りの時代なんだなって気づいた。

木村　ただ当時は、焙煎のことは書いたけど、生豆がどこから来るのかっていう部分に全く脚光が当たってない時代だった上に、自分でもそれにあんまり切り込もうとしなかった。

田中　確かに、生豆が店に入ってきてからの話だけだった。《六曜社珈琲店》の1階では《玉屋珈琲店》のブレンドを使っているって話を聞いて、「あれ、なんで違うの？」ってことぐらいは思ったけど。

木村　「焙煎」という行為に着目しようとしてたから、自分で焙煎しているほうが偉くて、仕入れているほうはそんなに……っていう、安直な見くびりはあった気がする。そういえば、豆を仕入れている店先によくある、豆の業者の名前が入った看板ってなんて呼ばれてるのかな？　お酒だと銘柄看板って呼ぶけど。

田中　あるね。宣伝酒場とかにある、店名の横にちょっとロゴが入っている看板。

木村　そうそう、関西では宣伝酒場って言うけど、割と全国どこにでもある。思うに、お酒とコーヒーで同じ嗜好品だし、卸業者が強かった時代とかぶってるんじゃないかな？　こういう看板を表に出すのが主流だった時代。

田中　そうかも。コーヒーの場合は、卸業者が豆を仕入れてもらう代わりに、看板とか道具とかを用意して開業を支援していたから。

木村　うん、かつては〝卸の時代〟だったんだなぁって思う。ここ3年ほど、文芸誌の『文學界』（文芸春秋）で「小説の中に登場するお酒の銘柄を予想する」っていう連載コラムをやっていて、戦前戦後の小説を取り上げる時に、日本酒の歴史を色々調べていたことと、今回の話とが、けっこう重なるところもあるなと思った。

田中　確かに。ただコーヒーとお酒が唯一違うのは、お酒は販売店で〝自家〟醸造はできない。

木村　そうだね。どこまでも卸と仕入れの話になる。コーヒー卸業者の話に戻るけど、修さんが、よく飲みに行く大阪の居酒屋《明治屋》を引き合いに出して、「『お酒』って頼むと、勝手に純米酒が出てくるのがベストだと思っている。銘柄がどうこうじゃなくて、そういうのを選ばなくても、ただお酒って言うだけでいい店。そういう居酒屋で酒の銘柄をなんやかんや言うのは野暮であるし、コーヒー屋もそうあってほしい」って話をよくされているんだけど、それって豆卸業者全盛期では普通のことだった。

田中　ブレンドが決まっていて、ホットとかアイスって言うだけで通じるという。

木村　そう。店に委ねてしまう。修さんの話は美しいし、かっこいいとは思うけど、現在では稀有なシチュエーションだと思う。

田中　今は選ばざるをえないから。

木村　うん。選ばざるをえないし、選びたい気持ちもあるんだよね。それに、今は選びたいって気持ちを起こさせるぐらいの情報がそろってる。

田中　ただ、かつての卸業者はやはり、自社のブレンドを持って営業に回るっていうのがひとつのパターンだった。その中で《玉屋珈琲店》は、得意先が自家焙煎に切り替える時に、生豆も直で卸すことをはじめた。小回りが利くから、個人店にとって心強い存在。京都って卸業者の創業が神戸や大阪より遅かったけど、店との関係がすごく近いというか、「地元密着！」っていうイメージをすごく強く受けた。

木村 それは確かに〝京都っぽい〟とは言えるかも。街の規模に合っているというか。

田中 いろんな意味で〝狭い〟というか。それを含めて、図らずも系譜というか、どことどこが、どうつながっているみたいな関係が、書いているうちにかなりはっきりと見えたのは、今回の取材の一番大きな発見だった。

木村 仮に東京だと、ちょっと規模が大きすぎて把握がしづらいだろうし、ある意味、広がり

木村 衣有子（きむら ゆうこ）

文筆家。1975年栃木県生まれ。19歳から8年間京都に暮らす。立命館大学産業社会学部卒、2002年より東京在住。主な守備範囲は食文化と書評。主な著書に『もの食う本』『味見したい本』（ちくま文庫）、『銀座ウエストのひみつ』（京阪神エルマガジン社）、『コーヒーゼリーの時間』『コッペパンの本』（産業編集センター）『しるもの時代』『のんべえ春秋』（木村半次郎商店）などがある。
twitter @yukokimura1002
Instagram @hanjiro1002

がありすぎてまとまらないと思う。この本みたいなテーマでまとめるなら、京都はやりやすい規模だよね。

田中　あと京都は、戦前の店が多く残っているっていうのも大きいと思う。その頃の店からの流れをずっとたどれるっていう環境、それは他にないところ。戦前そのままのところもけっこうあるし、目に見えて〝継いでいる〟感があるというか。《イノダコーヒ》なんて、まさに《前田珈琲》があり、《高木珈琲》があり、最近も《市川屋珈琲》ができたけど、変わったことをしようっていうよりは、長く続けようっていう気概を感じる。

木村　変わったことをせずに長くっていうのは、割と全国的に飛び火しているよね。その価値観が、今は京都特有のものではないというか、全国的にそうなっているって気がしないでもない。

田中　その流れの一つに、〝継承喫茶〟があるのかも。《喫茶マドラグ》みたいに古い店を引き継いで新たに店を始めようっていう動きは、関西に多いような気がする。特に古い建物が残っている京都は、いわゆる「町家カフェ」っていう独特の継承の形もある。

木村　今、つないでいく、継いでいこうよっていうことが良しとされているけど、それは2010年代、東日本大震災以降に進んだ、クラフト志向、地元志向、血縁志向の現れだなと思ってる。私が京都にいた90年代って、「地元を出て何かしよう」「血縁から離れたところに楽しみがある」っていうことに価値があるって、何か刷り込まれていた感はあった。それが今、老舗の継承が好意的に思われるのは、やっぱり地元志向、血縁志向への回帰があるのかなと。

田中　2020年以降に限っては、物理的に移

◉お詫びと訂正

本書『京都 喫茶店クロニクル 古都に薫るコーヒーの系譜』（初版）の188ページ末尾「イベントを機にロー」に続く、左記の1文が脱落していました。謹んでお詫びし、訂正いたします。

淡交社編集局

スターどうしの新たな交流も生まれ、今では30軒を数えるまでに、参加店の輪を広げている。

京都 喫茶店クロニクル
古都に薫るコーヒーの系譜

KYOTO COFFEE SHOP CHRONICLE

The Lineages of Coffees that Scent the Ancient Capital

×

甘苦 coffee drop 滴

by 田中慶一

淡交社

動ができなくなったっていうのもあるしね。ただ、ローカルっていうのはひとつキーワードだし、こと継承に関しては、京都は〝日本一〟の街だろうから。

木村　継承することが、すごく褒められるというか、評価されるよね。当たり前だけど、どの街、どの土地にも歴史があるし、そうやって受け継がれている商売があるんだけど、京都ではそれが是とされる度数が高いというか。

田中　その重みね。表立っては分からないかもしれないけど、何か空気があるんだろうね。それが、関西に老舗を継承して新たに開く店が多い理由かもしれない。

木村　そうね、そういう人が評価されるし、大事にされる。そういう土壌はあると思う。

カフェブームとフランス熱

木村　今回、本編を読ませてもらって、改めて《ワールドコーヒー白川本店》にいってきたんだけど、ここは「コーヒーください」って、普通に注文したら、サイフォンで淹れるの？

田中　そうそう、本店はサイフォンではじまってるから、ここだけは、ずっと当初のスタイルを引き継いでいる。実は、《ワールドコーヒー》が《コロラド コーヒーショップ》も手掛けていたというのも今まで全然知らなかった。

木村　知らないよね。

田中　今みたいにセルフスタイルのコーヒーショップができる以前では、コーヒー専門を打ち出したチェーン店として、一番いっぱいできたブランドが《コロラド》。その西日本の本部を

京都の企業が担っていたっていうのは意外だった。《ワールドコーヒー》って京都市内だけのお店、と思っていたから余計に。

木村　これはおもしろいね。でも、《ワールドコーヒー》はもともと《喫茶リス》って名前で、それがすごくかわいい……。あれは動物のリス？むしろ今っぽい響きよね。〝リス〟と〝ワールド〟の間って、イメージとしてはかなり遠い（笑）。

田中　そういえば、なぜリスなのかを聞いてなかった！

木村　あそこの売店って、コーヒーの抽出の道具、フィルターとかをいろいろ置いてあるでしょ。あれを見るとかつての専門店ならではの雰囲気がある。今はコーヒーの道具って、老若男女が大体どうやって使うかについて知識があるし、しゃれたものとして売っている。ホームセンターとかにもあったり。

田中　今や100円ショップにもあるからね。

木村　あるね。フッと壊れたり、なくなったりしたら、とりあえずつなぎで買えるんだけど、私たちが学生だった90年代後半くらいって、どこにでも売ってなかったよね。

田中　そうね。確かに。

木村　あの円錐のフィルターがスーパーで買えるなんて、ここ10年以内の話で。近頃は道具の普及が目覚ましいけど、かつては、基本的なものでも身近になかったもんね。

田中　だからコーヒーの道具類も、かつては特別扱いされている時代があったんだよね。

木村　今、味噌汁の歴史を調べているんだけど、インスタント味噌汁が発売されたのと、コーヒーを自分で淹れるための道具が脇へ追いやられたのは同時期なのかな、と思ってる。味噌汁もコーヒーも、みんな好きで家でも飲みたいけど、そんなに手間をかけたくないという流れが、高度成長期にはあったのかなと。

田中　そう考えると、90年代〜2000年頃って、コーヒー目線でいえば不遇の時代というか。カフェはいっぱいできたけど、コーヒーに目が向くのはもうちょっと待たないとだめだった。

木村　カフェブーム時代のコーヒーって、軽んじられていたよね。手で淹れるってことは、あんまり貴ばれてなかった。そこに手間をかけるなら、料理に手間をかけるほうが大事というか。

田中　当時の雑誌のカフェ特集を見ても、話題としてコーヒーの「コ」の字も出てこない（笑）。

木村　同時に、その頃は、あんなにフランスに憧れていたのに、今はもうこんなに下火……という驚きもある。

田中　確かに、あの熱は何だったのか……。

木村　ここ10年ぐらい、国内のいわば〝ディスカバー・ジャパン〟熱がめちゃくちゃ上がっているけど、「前はフランスにあんなに憧れてたでしょ?」っていう。

田中　そうね。話をカフェに絞ると、《ドゥマゴ》だの、《フロール》だの、《オーバカナル》だのの上陸があって、日本もカフェを模倣しはじめた、みたいな図式にはなっているけど、直接関係あるのかなっていうのは、今になって疑問に思う。

木村　時系列だとそうなっちゃうんだよね。でも今になると、そこの連続性はあんまり感じられないよね。

田中　そうそう、特に関西はね。東京は実際にお店ができたから分かるような気がするんだけど……あの時代のカフェ事情はほとんどたどりようがなくって。

木村　パリ直輸入の店が残ってないっていうのはあるんじゃない? その痕跡がね。籐で編んだ椅子の存在感とか、みんな忘れてしまった。

田中　だから、そういう舶来のカフェよりは、《アフタヌーンティー・ティールーム》とかのほうが影響として大きかったのではないかなと思っている。フランスではないけど、ヨーロッパのカフェというくくりで。

木村　日本的な解釈としてね。

田中　アパレルの《アニエス・ベー》も、《アフタヌーンティー・ティールーム》と同じくサザビーが手がけたから、その辺りのカルチャーがフランス熱に転化したという話も聞くけど……。

木村　そのほうが確かに納得できるよね。サザビーじゃないけど、《F.O.B COOP》の存在感も大きいよね。やっぱり雑貨、ファッション、映画と、全方向的にフランスブームはあったと思うな。

田中　でも、じゃあ着火点はどこっていうのが見えにくいよね。

木村　着火点って言われると『Olive』なのかな。

田中　ただ京都には、はっきりと「日本におけるフランス年」というタイミングがあった。

木村　あれは何年のこと？

田中　1998年。4年ごとにあったみたいだけど、京都・パリの姉妹都市の周年と重なったのが、あの年。

木村　あの時は、世の中のフランス熱に対して、「私、パリの姉妹都市に住んでるし」みたいな、ちっぽけな誇らしさみたいなものはあったよ（笑）。

田中　京都とパリって、似た街としてよく比較されてたね。

木村　うん、でも、今はそういう話は聞かないね。京都っていったら当時、いろんな本とかちょっとしたエッセイでも、執拗《しつよう》にパリと対比されていたけど、やっぱり今は「日本の象徴」みたいな感じになってきて、打ち出さなくなったよね。

田中　一応、その時には京都にも、それこそテラス席があるようなカフェもできた。

木村　カフェじゃないけど、その頃にブランジュリー《ル・プチメック》ができた。パリ直輸入とか、あるいは東京からの流れでなくて、あの〝京都で1人でフランスをやっている〟っていうかっこよさは、今もすごい覚えてる。

田中　パン屋さんカテゴリーということで、今回は取り上げてないけど、初期のあの本店は、まさにフランスって感じだった。

木村　そういうものを喜んでた自分も、本当にフランスにかぶれてたなあと思う。そのちょっと後に、ベトナムブームがなかったっけ？

田中　アジアブームね。

木村　ちょっと言葉が雑になるけど、京都はエスニックとか大陸っぽさを感じるものを売る店も多い。そういう雑貨屋さん、インテリアショップ、飲食店がほかの街よりも密度が濃かったし、長く残っている気がする。《さらさ》とかも店の名前からしてエスニックだし。

田中　カレー屋とかも多いしね。

木村　そうそう。でも、京都にいた頃は、この大陸っぽさは東京の中央線からの流れって誰かに言われて、受け入れていたけど、実際は東京にはそれほど現存してない。確かに、中央線界隈では少し残っているけど、京都のほうが今でもそういう雰囲気が活きてる。

田中　《さらさ》はね、イメージの変遷がすごいなっていうのがある。最初は多分、ちょっと濃いエスニックみたいなイメージだった。

木村　《さらさ》って、大阪でチャイが流行した影響を受けて、エスニックなカフェになったのかな？

田中　いや、おそらく関係ないはず。オーナーさんがそもそも外国人の知り合いが多くて、その影響が大きいらしい。リノベーションのやり方は、その外国人が住んでいた町家の活かし方を参考にしたって聞いた。

木村　なるほど。その頃は、まだどっちかっていうと「新しい家を建てるほうがえらい」みたいな価値観があって、もともとあるものをリノベーションするというのは、輸入された価値観かもしれない。

田中　そうそう。海外から見た日本みたいな感覚かな。でも、ノリはエスニックみたいな、ごちゃまぜ感があった。だから時系列でいうと、本流の町家カフェができはじめてから、後づけで「《さらさ》もその枠に入るな」という感じで、町家カフェの元祖的な存在になった。

木村　まったくの仮説だけど、あのごちゃまぜ感ってある種、京都っぽさじゃない？ 他の街だと、もう少し現地を再現することにこだわってもいいものなんだけど、京都って意外と折衷《せっちゅう》しがちな気がする。

田中　ジャンルを明確にしない店がけっこうあるね。

木村　そういう雰囲気を田舎っぽい感じにせず、何となくまとめあげて見せることができるのが京都の土地柄なのかなって思う。《WIFE & HUSBAND》の古いものの見せ方とかも、京都っぽいなと思った。

田中　そうね、ハイブリッドっていうか。

木村　《さらさ》もそうなんじゃないかな。昔で言うとね。

《WIFE & HUSBAND》の店内

〝カフェ〟として再評価された喫茶店

田中　そういう意味では、我々世代はカフェブームをきっかけに、古い店も新しい店もフラットに発見してるみたいな感じはある。

木村　そうね。東京から伝播してきたカフェブームらしきものがあったときに、そう感じた。

田中　らしきもの（笑）。

木村　だって、当時の京都にはカフェがなかったから。実際の店としてポツポツとしかないのに、世の中はブームっていう切り口で盛り上がっていた。そういう意味では、1998年の『Olive』のカフェグランプリ特集で、《Café DOJI》がグランプリを獲ったのにはびっくりしたし、やっぱり違和感があった。カフェって、もっとフレンチなイメージだったから、自分が思うカフェっぽくなかった。

田中　確かに。

木村　この時に流行った、白くてデザインの効いている店、例えば《efish》とかが一番じゃなかったのは、やっぱり東京の目線なのかなって感じたのは覚えてる。カフェグランプリっていうくくりとは別に、ランクインしている店との兼ね合いで言うとね。

田中　確かに、東京編はシュッとした（オシャレな）店が入っているけど、関西編は老舗の喫茶店が多くランクインしている。ちょっと言い方はおかしいけど、カフェという枠で喫茶店が新たに救われたという印象が強い。

木村　〝カフェ認定〟されたっていうか、それこそネット以前じゃないけど、当時の雑誌の発信力はすごく強かった。雑誌の力が強い時に、太鼓判を押してもらったというのは、なんだかうれしかったな。

田中　救われたといえば大げさだけど、今にして思えば、こういう新しい切り口の発信があったからこそ、多くの喫茶店が注目され、今に続いているという感覚はあるね。カフェグランプリの関西編は、掲載されている店が本当に新旧ごちゃ混ぜで、喫茶店はまだしも、老舗茶舗《一保堂》の喫茶室《嘉木》も普通に並んでいるという。

木村　なんでなのかなと思うけど、こう見ると私が最初に出した本『京都カフェ案内』は、完全にカフェグランプリに影響されている。ジャンル分けしていないところとか……。

田中　なるほど。ちょうど喫茶店の数がドンと落ち込んでいた時に、新旧フラットに取り上げてくれたことで、再発見された喫茶店や自家焙煎のコーヒーも注目されたという。

木村　意図してはないと思うけど。

田中　確かに意図してはないだろうね。多分、本来の〝カフェ〟の数がないから、入れざるをえなかったっていうところもあるだろうしね。

木村　その既存の喫茶店が、あなたの言葉を借りると「救われた」っていう感覚は、やっぱり京都にその時いた者としての視点だよね。

田中　単に東京・京都の時差だとは思うけど、当時の京都、関西にはまだ新しいカフェの底上げがなかったから、老舗喫茶の出番があった。こういう店が最初に入る余地がなければ、今の京都の状況はまったく違っていたかもしれない。

木村　カフェブームが遅れてきたから、流行の〝カフェ〟カテゴリーにちょうどよく収まる店の乱立が、京都では起こらなかったわけね？

田中　そうそう、似たようなカフェばかりにはならずに、新旧が混ざる感じになった。それらをカフェと呼ぶかどうかは置いといて、喫茶店目線から見ると、それはカフェブームの陰の功績というか。

木村　話は逸れるけど、『Olive』のカフェグランプリの前、1996年に「ピチカート・ファイヴ」の小西康陽《こにしやすはる》さんのコラム集『これは恋ではない』の中で、《イノダコーヒ》の話があったのは個人的にすごく影響が大きかった。自分が好きなミュージシャンが、こういう風にあの店を評価するんだって。正直、それまではそんなに《イノダコーヒ》のことを意識していなかったけど、ガイドブックでもなんでもない、音楽のエッセイ集に《イノダコーヒ》が出てきていたのがすごくよかった。やっぱり、なんだかんだ当時、京都の学生として、東京の尊敬している人の視線を気にしていたんだよね。

田中　それは、関東出身者ならではの感覚かもしれないね。

木村　あと、アルバイトをしていた《喫茶ソワレ》に、雑誌の撮影でカヒミ・カリィが来た時の反響はすごかった。彼女が座った席に座りたい、写真撮りたい、っていう人が続出して。

田中　それもさっきの話と同じで、東京由来というか、外からきて広まるパターン。地元の店だけど、この瞬間だけちょっと地元じゃなくなるというか。

木村　そうね。でもその東京由来の出来事が、それこそ旅行雑誌、観光雑誌でもなく、あとテレビでもなく、当時の自分にとって身近であった雑誌だったのが大きかったかな。80年代に

小西康陽
1985年、音楽グループ「ピチカート・ファイヴ」の中心メンバーとしてデビュー。1990年代のムーブメント〝渋谷系〟を代表する音楽家の一人。作詞・作曲家、プロデューサー、DJとして多方面で活躍。

《進々堂》が載ったという『an・an』も、そうだったんでしょうね。

田中　今では雑誌よりSNSで、老舗喫茶も〝インスタ映え〟する場所として、また違う注目のされ方をしているね。

木村　まさか、インスタグラムによって純喫茶が復権するとは思っていなくて、すごい時代だなぁと思う。

繰り返す喫茶店↕カフェの流行

木村　思い返せば、2000年代初頭は何でもかんでも「カフェ」と呼んでいて、あまりにもカフェの箱の中に入れすぎたのが、数年後にはじけた感じがあった。それが最近、斎藤光さんの『幻の「カフェー」時代』を読んで、昭和の初めもまったく同じ流れをたどっていたんだと知ってびっくりした。

田中　はっきりと一緒。何でもかんでも「カフェー」にくっつけて、業態が全然違うものになっていって……。

木村　膨らみすぎて、飽きられるという。

田中　カフェブームに重ねると、ハコ重視のカフェが流行った後に、ストイックに「コーヒー」という店が出てくる。カフェーと純喫茶の関係と同じ。その繰り返しで、60～70年代にも「〇〇喫茶」という名で、「歌声」だの「ジャズ」だのがくっついた。

木村　「喫茶」って箱になんでも入れた！

田中　入れちゃったら、今度は反対に自家焙煎のコーヒー専門店が出てきて。

木村　コーヒーしかありません、音楽もありませんと。

田中　そうそう。時代をさかのぼると、ちょうど3回くらい繰り返してるのかな？ 戦前のカフェーの時代、高度成長期の「〇〇喫茶」の細分化、そして20年前のカフェブームの時。

木村　それおもしろいね。

田中　今は「コーヒー」がメインストリームになって、いろいろと差別化されていく中で、空間にこだわる店も増えつつある。

木村　東京は土地柄というか、広い物件がなさすぎて、店の形態がだんだんちっちゃくなってきている。2019年までは、いかにスキマで営業するか、小さくて強い店を目指してやってきたけど、このコロナ禍でどうなっていくのか……。

田中　逆に、ネルドリップで、《大坊《だいぼう》珈琲店》をリスペクトするような店は、あまりできてない？

木村　いや、それはむしろ多い。《大坊珈琲店》が閉店して5年以上経った時に、全国に同時多発的に大坊イズムを再現する店ができている。いわばネルの布教、それはオオヤさんの功績もあるけど、スタイルとしては大坊イズムを体現している人のほうが多いかもしれない。

田中　関西人はせっかちで待てないからという理由で、ネルドリップは関東のほうが多いって話もあるね（笑）。

木村　いまだにそんなことあるのかな。逆に大きいネルのまとめだては、関西だけに残っているんじゃないかな。東京というか関東では、サイフォンに席捲《せっけん》される時期が早くて、かつ長かった気もする。

田中　関西は早く出すっていうところに、かな

大坊珈琲店
東京・南青山で1975年に創業、約40年にわたり人々に愛されたコーヒー専門店。手廻し焙煎機による自家焙煎、ネルドリップで時間をかけて淹れるコーヒーが多くのファンを魅了し、同業者にも多大な影響を与えた。

りこだわったのかもしれない。コーヒーアーンが残っている店もまだあるからね。

木村　東京の店って、サイフォンもそうだし、ネルの一杯だてもそうだけど、バー的な要素が評価されやすい土壌なのかもしれない。

田中　土地柄によって、スタイルも違えば、客層も変わるしね。

木村　今回、本編を読んで思い出したのが、自分が京都にいた90年代、京都の中だけでチェーン展開しているような喫茶店と、地元のオジサンたちが朝からいて、タバコの煙に燻《いぶ》された、よそ者は入れないような店とに二分していた。当時の学生としては、その中間の、大人っぽくもありながら、学生の身分でも行けるようなところを探していたなと。

田中　客層だけで言えば、京都は昔から学生が喫茶店のお得意さんだったというのは、ひとつの土地柄と言えるかも。戦前の帝大とか三高生

コーヒーアーン
アメリカで開発された抽出器具。二重構造のタンクの内側に大量のコーヒーを抽出し、外側に溜めた湯で保温する。下部の蛇口から、コーヒーと湯をすぐに注げるツー・イン・ワンの機能を持ち、客の回転の早さに対応できる。

《COFFEE HOUSE maki》のネルドリップまとめだて

が通っていたり、学生運動のたまり場になったりとか。学生がいなかったら、喫茶店の客層もだいぶ変わっていたかもね。

木村 それとは別に、あなたが《フランソア喫茶室》でアルバイトをはじめたり、後輩が《六曜社珈琲店》で働いたりして、友達や知り合いがいるから行ける、という間口は学生ならではよね。

田中 学生バイトが、同じ学生にとって、店への呼び水になっていると。

木村 自分にとってはそれが一番大きかったな。身近な人たちが全然違うところでバイトしていて。

田中 なるほどね、じゃあ《六曜社珈琲店》とか《喫茶ソワレ》とかは、さっきの二分している中では、どっちのカテゴリー？

木村 後者のほう。《六曜社珈琲店》に入った後輩が当時、「自分が直接知っている人たちは来てくれたけど、一見の学生や、話したことのない同級生たちは来なかった」と話していたし、しばしば「木村さんと田中さんだけですよ、一階に来てくれたのは」と言っていた。そういう意味では、客層の住みわけがはっきりしていたと思う。

田中 戦前に《フランソア喫茶室》で配布していた『土曜日』の話なんかを知ると、京都って学生を含むインテリが多かったんだなって思う。

木村 それは大学が多いことと、学生が多いってことに結局はつながっていく。

田中 それと、街ごとの色がはっきりしていて、ちょっと場所が変わると、学生じゃなくて、呉服関係の人が多くなったりするし。

木村 みんな遠出しないっていうか、縄張りがキッパリ決まってたよね。今は昔とはいえ、呉服の産業があったことも喫茶店が定着する大きな要因だとは思う。

田中　やっぱりお客さんとしては、すごい回数行っているからね。

木村　そうそう、旦那衆はね。彼らが行く店の中では、すごく単価が安い商売ではあるけれど。

田中　業界華やかなりし戦前とかは、それこそカフェーとかに出かけたんだろうけど。

木村　1930年代よね、カフェーが流行ったのは。

田中　でも、その後は取り締まりがバンバン入っているから、戦後はほとんど残らなかったはず。ただ「洋酒喫茶」とか、矛盾した呼称を造って、それぞれの時代で接待を伴う業態として継承されている気がする。

木村　喫茶ならなんでもいいやろ、みたいな。

田中　ずっと、そのせめぎあいが続いているっていうのも、今回の取材でよくわかった。ただ、やっぱりカフェーは〝夜の店〟ってイメージで、自分としては〝夜じゃない店〟を扱ってるから、喫茶店の系譜としてカフェーをどう位置付けるかは、なかなか難しい。

木村　どれぐらい影響しているのかなとは思うよね。そう考えると絶対、ミルクホールを追ったほうがいい気がする。

田中　厳密にいえば、今の喫茶店の直系はミルクホールかも。だから、《中井ミルクホール》から続く《わびすけ》が閉店したのはつくづく惜しまれる……。

木村　それじゃあ次は、斎藤さんに倣って『幻の「ミルクホール」時代』を書いたらどう？

（2020年11月25日対談）

本書にみる「京都のコーヒー」相関図

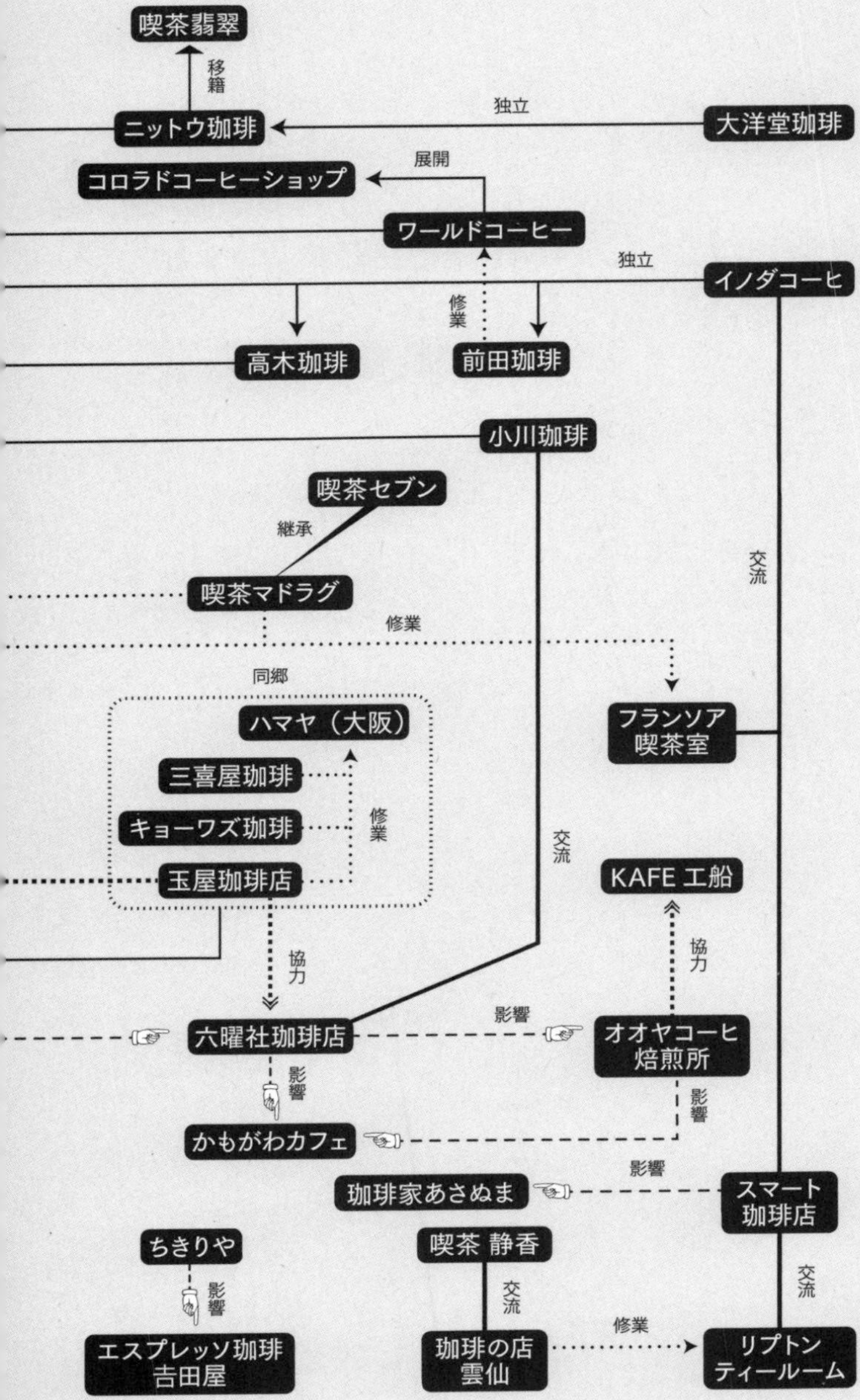

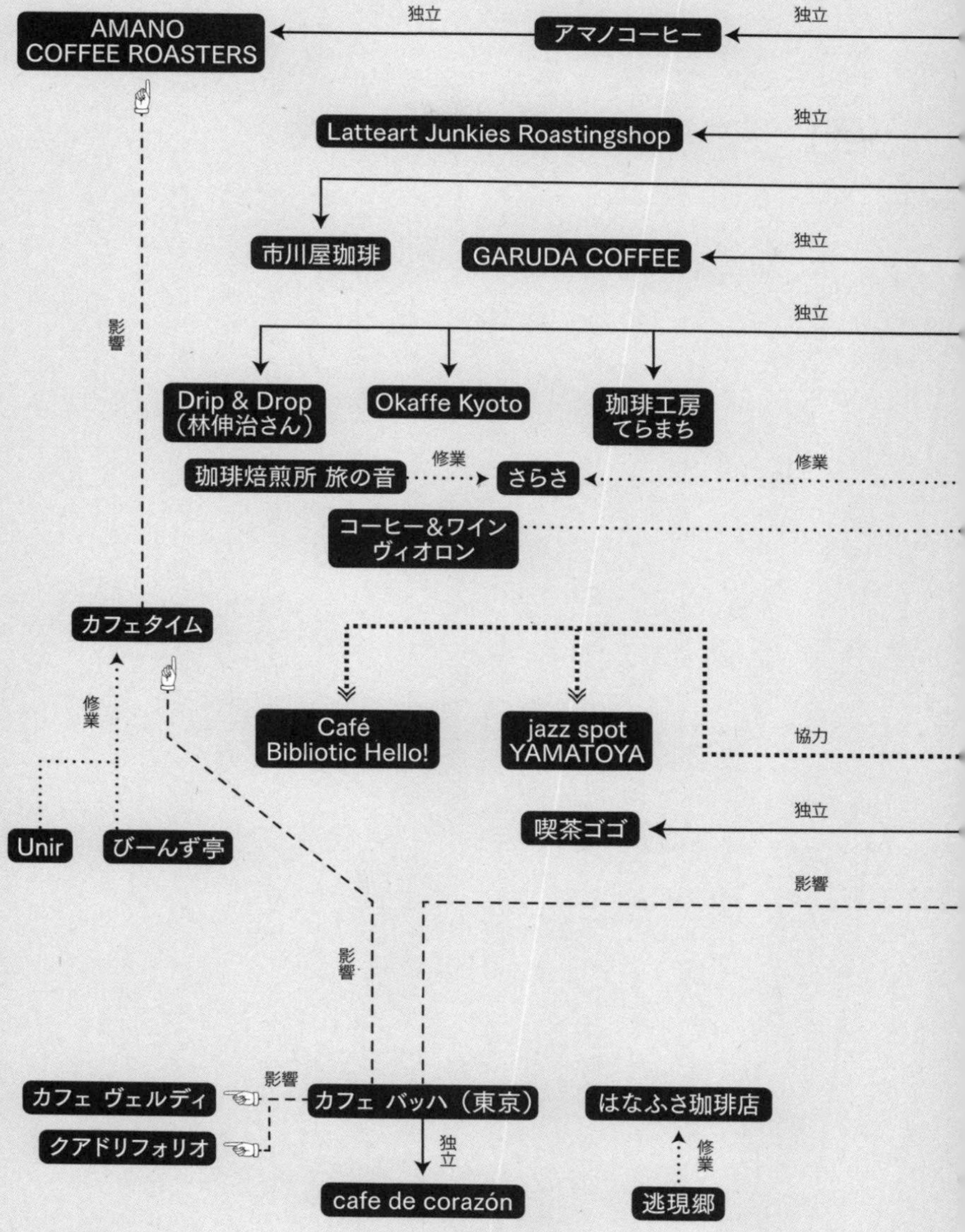

AMANO COFFEE ROASTERS
独立
アマノコーヒー
独立
Latteart Junkies Roastingshop
独立
市川屋珈琲
GARUDA COFFEE
独立
独立
影響
Drip & Drop（林伸治さん）
Okaffe Kyoto
珈琲工房てらまち
珈琲焙煎所 旅の音
修業
さらさ
修業
コーヒー&ワイン ヴィオロン
カフェタイム
修業
Café Bibliotic Hello!
jazz spot YAMATOYA
協力
Unir
びーんず亭
喫茶ゴゴ
独立
影響
影響
カフェ ヴェルディ
影響
カフェ バッハ（東京）
はなふさ珈琲店
クアドリフォリオ
独立
修業
cafe de corazón
逃現郷

おわりに

本書を執筆中の2020年、京都ではさらに新しい喫茶店やカフェの開店が相次ぎ、街なかの憩いの選択肢はますます広がっている。この20年ほどで、従来の「旧＝喫茶店、新＝カフェ」の図式に、コーヒーという一本の軸が通ったことで、店の位置づけは時系列を越えてフラットになった感覚がある。そのなかでも、京都という街の磁力のようなものが、店のあり方にも発揮されている。とりわけ特筆すべきが、店どうしの濃密なつながりだ。焙煎卸業者と店主の結びつき、老舗と新たな店の師弟の交わりによって、多様な個性が共存する経糸・緯糸が、これほどはっきりと見える街は他にないように思われる。筆者自身も実際に暮らしたことがあり、多くの喫茶店にも足を運んだが、今回の取材を通して初めて見聞きしたことも多い。京都の喫茶文化を支える見えないつながりを発見できたことは、身近な街であるがゆえに新鮮な体験だった。

ただ、そんな感慨を抱いたのは、世界中が未曾有の感染症の災禍に見舞われ、それまでの日常はまったく違ったものに変わったあとだった。新たな生活様式「ニューノーマル」は、とりも直さず、人と人とが常に距離を取ることを求められる。移動を制限されるなかで、改めて、普段何気なく喫茶店で過ごす時間の貴重さに思い至った。なぜなら、人と交わることが、喫茶店を訪れる大きな理由のひとつだからだ。

国文学者・民俗学者の池田彌三郎は、食べ物にまつわる話題を集めた随筆『私の食物誌』のなかで、喫茶店について以下のように綴っている。

「喫茶店と一口にいっても、都会のそれにはさまざまな類別がある。(中略)そして、どれにも共通していることは、喫茶店とは言いながら、『お茶を飲むこと』それ自身が、決して第一の、もしくは唯一の、目的ではない店である、ということだ。極端にいえば、客が、そこでの飲食を主たる目的としていない飲食店ということにもなる」

言い換えれば、街なかの飲食店のなかでも「最も間口が広い」ということ。その懐の深さゆえに、戦前のカフェーの隆盛、「〜〜喫茶」への派生、コーヒーへの専門特化から現代のカフェブームに至るまで、さまざまな要素を取り込んでは形を変え、時代の空気を映し続けてきた。そうした〝空気〟を作ってきたのは、客と客、また客と店主の関わりであり、長年の積み重ねが、その店独特の〝味〟を作る。

以前、京都のある老舗のマスターに、「喫茶店にとって大事なこととは?」と問うたことがある。答えて曰く、「店主がいつも店に立っていること」。淡々とゆるやかに流れる時間と、人の気配の交わりが醸し出す、曰く言い難い安心感は、今の時世にこそ求めてやまないものだろう。時代を超えて、幸運にも受け継がれる店もあれば、惜しくも閉じる店もあるが、それでも京都には多種多様な憩いの場が数多く点在している。そんな京都の喫茶店で過ごすひと時に、変わらぬ日常を紡いできた人々がいることに、気づいてもらえたら幸いだ。

2021年2月

田中慶一

京都喫茶年表

KYOTO COFFEE CHRONOLOGY

年代	京都の喫茶店の歴史	世の中のできごと
1868		・鳥羽・伏見の戦い ・神仏分離令発令
1869		・戊辰戦争終結 ・明治天皇2度目の東京行幸。京都から東京に遷都 ・神戸開港（横浜に遅れること10年）
1870	・ホテル《中村屋》が開業	・河原町二条に舎密局を開設 ・神戸・居留地に《オリエンタルホテル》開業
1871	・清水寺境内に《忠僕茶屋》が開店？	・岩倉具視を中心とする遣欧使節団派遣 ・河原町御池に勧業場を開設 ・西本願寺大書院で日本最初の博覧会を開催

1872
・新京極通が開通
・第1回京都博覧会開催

1875
・同志社英学校（現同志社大学）が開校

1877
・西南戦争
・京都〜神戸間鉄道開通、初代京都駅（七条ステンショ）が開設

1878
・ホテル《自由亭》が開業
・神戸《放香堂》が「焦製飲料コフィー」の新聞広告を出稿

1881
・ホテル《也阿弥》が開業

1885
・『日出新聞』（のちの京都新聞）が創刊

1888
・《常盤ホテル》開業

1889
・大日本帝国憲法発布
・市政施行により京都市が成立
・第三高等中学校（三高）が大阪から京都に新築移転

1890
・東海道本線神戸〜東京間全通
・琵琶湖第一疏水が完成

1891
・蹴上発電所で水力発電事業開始

年代	京都の喫茶店の歴史	世の中のできごと
1894		・日清戦争
1895		・第4回内国勧業博覧会、平安遷都千百年紀念祭が開催 ・京都電気鉄道伏見〜七条間が開通（日本初の市街電車） ・平安神宮が創建
1897		・京都帝国大学（現京都大学）が設立 ・帝国京都博物館（現京都国立博物館）が開館
1899	・寺町二条《鎰屋》が洋菓子宣伝のため店内に茶寮を設置？	
1900	・《中井ミルクホール》が同志社英学校内に開店	・京都府立図書館が開館
1903		・大正天皇成婚記念事業として京都市紀年動物園が開園
1904		・日露戦争
1907	・《村上開新堂》が開店	
1908	・寺町二条《鎰屋》がカフエーを営業？	・ブラジル移民第1船「笠戸丸」が神戸から出航
1909		・コーヒー専門商社「石光商事」が神戸に支店を開店
1910		・日韓併合 ・京阪電鉄天満橋〜五条間が開通

1911
- 「矢尾政」の洋食部が完成
- 東京で《カフェーパウリスタ》が開店

1912
- 《カフェーパウリスタ》京都喫店（初代）が開店
- 《鎰屋》が店舗を改築
- 明治から大正に改元
- 京都市電が開通
- 第二琵琶湖疏水・蹴上浄水場が完成（近代上水道新設）

1913
- 《カフェタワー》が開店。移動式喫茶として話題に
- 中華民国が成立

1914
- 第一次世界大戦・造船ラッシュで好景気

1915
- 京都御所で大正天皇即位大礼を催行

1918
- 米騒動
- 京都市が京都電気鉄道を買収、均一運賃制へ移行

1919
- 《カフェーパウリスタ》京都喫店（2代目）が開店
- 《大正製パン所》が開店
- 第一次世界大戦に関するパリ講和会議

1920
- 岡崎公園で催された工業博覧会に台湾喫茶店が出店
- 国際連盟発足
- 高瀬川の舟運が廃止
- 大学令により、同志社大学が発足

1921
- レストラン・カフェー《菊水》が開店

1922
- 新聞紙上で「カフェー女給人気投票」掲載

年代	京都の喫茶店の歴史	世の中のできごと
1923	・《カフェー天久》が開店	・関東大震災 ・日活・松竹の映画撮影所が移転・下加茂撮影所が稼働 ・大学令により、龍谷大学、大谷大学、立命館大学が旧制大学となる ・大典記念京都植物園（現京都府立植物園）が開園
1924		・神戸《エキストラ珈琲》創業
1925	・梶井基次郎『檸檬』に、寺町二条の喫茶店《鎰屋》が登場	・京福電鉄（現叡山電鉄）出町柳〜八瀬間が開通
1926	・西洋料理店《矢尾政》の新たなビアレストランが開店 （のちの《東華菜館》）	・大正から昭和に改元 ・神戸の大衆喫茶《喫茶ホワイト》1号店開業
1927		・京都市中央卸売市場が開場
1928	・《ギンカコーヒー》が創業（大阪）	・京都市営バス事業が営業開始 ・新京阪鉄道（現阪急京都線）高槻〜西院間が開通 ・奈良電鉄（現近鉄京都線）京都〜西大寺間が開通 ・京都御所で昭和天皇即位大礼を催行
1929		・世界恐慌
1930	・《進々堂 京大北門前》が開店 ・《リプトン ティールーム》日本1号店が開店	

1931		・満州事変 ・新京阪鉄道（現阪急京都線）西院〜大宮間の地下線が開通
1932	・《スマート珈琲店》の前身《スマートランチ》が開店 ・《カフェーブラジレイロ》京都店が開店 ・九鬼周造によるカフェー弾圧批判	・五・一五事件 ・京都市の人口が百万人を突破 ・京都放送局「JOOK」が開局（のちのNHK京都放送局）
1933		・大礼記念京都美術館（現京都市美術館）が開館 ・特殊飲食店営業取締規則が発令・京都独自にカフェー営業取締 ・神戸《上島忠雄商店（のちのUCC上島珈琲）》が創業
1934	・《フランソア喫茶室》《築地》が開店 ・《夜の窓》が開店	
1935	・《珈琲の店 雲仙》が開店 ・《大洋堂珈琲》が創業	
1936	・京都喫茶同業組合が創立。喫茶店のカフェー酒場類似営業の排撃を謳う	・二・二六事件
1937	・《喫茶 静香》が開店	
1938		・コーヒー輸入量が戦前のピークに ・国家総動員法公布

年代	京都の喫茶店の歴史	世の中のできごと
1939	●《各国産珈琲専業卸 猪田七郎商店》（のちの《イノダコーヒ》）が創業	●日中戦争開戦
1941		●太平洋戦争開戦 ●「代用珈琲統制要綱」告示
1943		●コーヒーの輸入途絶
1945		●太平洋戦争終結 ●連合国軍が京都市内に進駐
1946	●《クンパルシータ》が開店 ●《玉本商会》（のちの《玉屋珈琲店》）が創業（三条木屋町）	●日本国憲法公布
1947	●《イノダコーヒ》《ソワレ》《珈琲家あさぬま》が開店 ●《三喜屋珈琲》が創業、《ギンカコーヒー》が京都で営業再開 ●《喫茶ナポリ》が開店	●5年ぶりに祇園祭山鉾巡行が復活
1948	●《京都喫茶連盟》が発足	●神戸《にしむら珈琲店》開店 ●銀座《カフェドランブル》が開店
1949	●《祇園喫茶 カトレヤ》が開店？	●湯川秀樹（京都大学）がノーベル物理学賞受賞
1950	●《はなふさ珈琲店》《六曜社珈琲店》が開店 ●《キョーワズ珈琲》が創業 ●《玉屋珈琲店》が移転（堺町通）	●コーヒーの輸入再開 ●鹿苑寺金閣が放火により焼失

京都喫茶年表

1951		・民放ラジオ京都（現 ＫＢＳラジオ）が開局
1952	・《純喫茶ラテン》《ユニオン》が開店	
1953	・《キョーワズ珈琲》が福岡支店を開設、大丸百貨店九州1号店に出店	
1954	・《名曲喫茶 柳月堂》が開店 ・《みゅーず》が開店	・ＮＨＫ がテレビ放送を開始
1956	・《しぁんくれーる》が開店	・インスタントコーヒー初輸入
1957	・《小川珈琲》が創業	・ソビエト連邦が人類初の人工衛星「スプートニク1号」打ち上げ
1958		・フランス・パリ市との姉妹都市盟約締結
1959	・《リバーバンク》が開店 ・《ちきりや》が開店。京都初のエスプレッソマシン導入	
1960	・《ヤマコウ》が創業（のちの《ニットウ珈琲》） ・《祇園喫茶 カトレヤ》が移転？	・ベトナム戦争開戦 ・日米安全保障条約改定を巡り反対運動（安保闘争） ・コーヒー豆輸入自由化
1961	・《喫茶リス》（のちの《ワールドコーヒーショップ白川本店》）が開店 ・《喫茶翡翠》が開店	

年代	京都の喫茶店の歴史	世の中のできごと
1963	●《ゴゴ》《ティールーム扉》が開店 ●《喫茶セブン》が開店（現《喫茶マドラグ》） ●「京都珈琲商工組合」が設立	●阪急電鉄が大宮～河原町間の地下線を延伸 ●名神高速道路栗東～尼崎間が開通、京都東・南ＩＣ設置
1964		●東海道新幹線開業 ●東京オリンピック開催 ●京都タワー完成
1965	●《COFFEE HOUSE maki》が開店	
1967	●《ワールドコーヒーショップ白川本店》が開店	●中国で文化大革命 ●国立京都国際会館が開館
1968	●《六曜社珈琲店》が1階にも店舗拡張、地下が居酒屋《ろくよー》に改装	●大阪《蘭館珈琲》が開店 ●南千住《カフェ バッハ》が開店 ●山科に清水焼団地が完成
1969	●《喫茶チロル》が開店	●東大安田講堂事件 ●UCC 缶コーヒー発売 ●獅子文六『コーヒーと恋愛』を刊行
1970	●《jazz spot YAMATOYA》《イノダコーヒ 三条店》が開店 ●《ニットウ珈琲》が創業	●大阪で万国博覧会開催
1971	●《前田珈琲》が開店 ●《ワールドコーヒー》が創業	●『プレイガイドジャーナル（プガジャ）』創刊

1972
- 《ほんやら洞》が開店
- 《からふね屋珈琲店》1号店が開店。京都初の24時間営業
- 《インパルス》が開店
- 沖縄返還
- あさま山荘事件
- 『ぴあ』創刊
- 洛西ニュータウン建設着工
- 《コロラドコーヒー》1号店が川崎に開店

1973
- 《エスプレッソ珈琲 吉田屋》が開店
- 第一次オイルショック

1976
- 《高木珈琲》が開店
- 《再會》が開店
- 《小川珈琲》が西京極に本社を移転

1977
- 《Café Doji》が開店

1978
- 《コロラド コーヒーショップ》京都1号店が開店
- 京都市電が全廃

1980
- 《ドトールコーヒーショップ》1号店が原宿に開店
- 《カフェ バッハ》が自家焙煎セミナーを開始
- 京都最初の地下街「ポルタ」が開業

1981
- 《アフタヌーンティー・ティールーム》1号店が渋谷に開店
- 地下鉄烏丸線京都〜北大路間が開通
- 京都市中央図書館が開館

1982
- 『ペリカンクラブ』創刊

年代	京都の喫茶店の歴史	世の中のできごと
1983	●《はなふさ珈琲店》の2代目が《山本屋コーヒー店》を開店、のちに《はなふさ珈琲店》を引き継ぐ ●《アマノコーヒー》が創業（のちに《AMANO COFFEE ROASTERS》が分派）	●『ａｎ・ａｎ』京都特集で《進々堂》がロケ地に
1984	●《さらさ 富小路店》が開店	●土地区画整理事業により、北山通が修学院まで開通
1985	●《カフェタイム》が開店	●日本の喫茶店数ピークに
1986	●《六曜社地下店》で喫茶営業・自家焙煎をスタート	
1987	●《アフタヌーンティー・ティールーム》京都1号店が開店 ●オオヤミノルさんが《パチャママ》を引き継ぐ	●国鉄分割民営化 ●神戸「ＵＣＣコーヒー博物館」オープン ●地下鉄東西線二条～醍醐間が開通
1988	●《ドトールコーヒーショップ》京都1号店が開店	●京都縦貫自動車道、京奈和自動車道、京滋バイパス開通 ●ルネサンスホールが閉館し、「京都みなみ会館」開館。上映会社ＲＣＳが移籍
1989		●ベルリンの壁崩壊、マルタ会談により冷戦終結 ●天安門事件 ●昭和から平成に改元 ●消費税３％開始 ●《カフェ ドゥマゴ》が渋谷に日本初出店

1990

- 東西ドイツ統一
- 地下鉄烏丸線北山駅まで延伸

1991

- 湾岸戦争ぼっ発
- ソビエト連邦崩壊
- バブル経済崩壊

1993

- 《パリの食堂》が開店

- サッカー Ｊリーグ開幕
- 《カフェ デプレ》が表参道に開店

1994

- 《びーんず亭》が開店

- 平安建都 1200 年記念事業を実施
- ユネスコ世界文化遺産に「古都京都の文化財」17か所が登録
- 関西国際空港が開港

1995

- 《カフェ サリュ》が開店

- 阪神・淡路大震災
- 地下鉄サリン事件
- 《カフェ ド フロール》《オーバカナル》が表参道に日本初出店

1996

- 《スターバックス》日本1号店が銀座に開店

1997

- 消費税が 5%に引き上げ
- 4代目駅舎となる新・京都駅ビルが完成
- 地下鉄烏丸線国際会館駅まで延伸、東西線醍醐〜二条間が開通
- 地球温暖化防止京都会議（COP3)、京都議定書が採択
- 《パワーリーキッチン》が駒沢に開店

年代	京都の喫茶店の歴史	世の中のできごと
1998	・《カフェ アンデパンダン》《BCP（ブラッスリー・カフェ・ド・パリ）》が開店	・長野冬季オリンピック開催 ・日本におけるフランス年・京都パリ姉妹都市40周年（ポンデザール建設問題） ・雑誌『Olive』で「カフェグランプリ」特集
1999	・《efish》が開店 ・《カフェ サリュ》が移転 ・《スターバックス コーヒー》京都1号店が開店	・EUが単一、通貨ユーロを導入
2000	・《さらさ 西陣》《café OPAL》《前田珈琲 明倫店》が開店 ・《アスクアジラフ》が開店（山本宇一プロデュース） ・《オオヤコーヒ焙煎所》が美山に開業	・《ロータス》が原宿に開店 ・雑誌『Hanako WEST Café』が創刊 ・「京都芸術センター」が開館 ・京都市が「京町家再生プラン」を制定 ・京都府商工部が都市型新起業誘致「西陣 SOHOづくり推進プロジェクト」推進 ・この頃、カフェブームがピークを迎える
2001	・《茂庵》《boogaloo café》が開店	・アメリカ同時多発テロ ・雑誌『喫茶店経営』が『Café Sweets』として復刊
2002	・《小川珈琲》が現在地に本社・本店を移転 ・《Café Bibliotic Hello!》が開店	・ユーロの流通を開始 ・サッカーワールドカップ日韓大会開催
2003	・《カフェ ヴェルディ》が開店 ・《フランソア喫茶室》が喫茶店として初となる国の登録有形文化財（建造物）登録 ・《喫茶六花》が開店	・イラク戦争開戦 ・京都市が「職住共存特別用途地区建築条例」を施行 ・マクドナルドが100円でプレミアムコーヒー発売

2004
- 《御多福珈琲》が開店
- 「日本スペシャルティコーヒー協会」が設立

2005
- 《café Weekenders》が開店
- 《さらさ 3》が開店
- JR 福知山線脱線事故

2006
- 《Unir》が創業
- 《みゅーず》が閉店
- 第一回野球 WBC で日本が初代世界一
- 「京都国際マンガミュージアム」が開館

2007
- 《エレファントファクトリーコーヒー》《KAFE 工船》《かもがわカフェ》《珈琲工房てらまち》《GARUDA COFFEE》《さらさ 花遊小路》《SARASA 麩屋町 PAUSA》が開店
- 《イノダコーヒ》が東京支店を開店
- 京都大学の山中伸弥教授が、人工多能性幹細胞（iPS 細胞）作成に成功
- 雑誌『BRUTUS』でコーヒー特集

2008
- 《直珈琲》《カフェ マーブル 仏光寺店》が開店
- 「ジャパン バリスタチャンピオンシップ」で岡田章宏さん（《Okaffe Kyoto》）が優勝
- 《カミ家珈琲》が閉店
- リーマンショックから世界同時不況
- 地下鉄東西線が太秦天神川まで延伸

2009
- 《SONGBIRD COFFEE》が開店
- 《Unir 長岡天神店》が開店

2010
- 《王田珈琲専門店》《喫茶葦島》《喫茶ヴィオロン》《逃現郷》が開店
- 《アイタルガボン》が開店

年代	京都の喫茶店の歴史	世の中のできごと
2011	•《サーカスコーヒー》《喫茶マドラグ》《Hi-Fi café》が開店 《Café Weekenders》が《WEEKENDES COFFEE》にリニューアル •「ワールド ラテアートチャンピオンシップ」で大澤直子さん（《小川珈琲》）が優勝 •《わびすけ（中井ミルクホール）》《クンパルシータ》《Café Doji》《喫茶アローン》が閉店	•東日本大震災 •訪日インバウンド観光客千万人突破
2012	•《cafe de corazón》が開店 •《アカツキコーヒー》《オモテンサンドウ コーヒー 京都店》が開店	•「京都水族館」が開館
2013	•《Vermillion - espresso bar & info.》《クアドリフォリオ》が開店 •「ワールド ラテアートチャンピオンシップ」で吉川寿子さん（《小川珈琲》）が優勝	•セブンイレブンが「セブンカフェ」スタート
2014	•《% ARABICA》《鳥の木珈琲》《大山崎コーヒーロースターズ》が開店	•消費税8％に引き上げ
2015	•《市川屋珈琲》《珈琲 二条小屋》《WIFE & HUSBAND》《Drip & Drop coffee Supply》《Knot Café》が開店 •《Unir》が本店を移転新装	•京都市の外国人宿泊客数が３００万人を突破 •《ブルーボトルコーヒー》日本１号店が開店
2016	•《Okaffe Kyoto》《Latteart Junkies Roastingshop》《WEEKENDES COFFEE 富小路》《Dongree》《AMANO COFFEE ROASTERS》《TRAVELING COFFEE》《Vermillion café》《エントツコーヒー舎》が開店 •《Kurasu kyoto》が開店 •《リバーバンク》が閉店	•「京都鉄道博物館」が開館

2017
・《珈琲焙煎所 旅の音》《Wolden woods kyoto》《西院ロースティングファクトリー》《Hashigo café》が開店

2018
・《喫茶ヴィオロン》が《コーヒー&ワインヴィオロン》に移転新装
・《ブルーボトルコーヒー京都》《KANONDO》《三富センター》《Kaeru coffee》《Shiga coffee》が開店
・「ジャパン バリスタチャンピオンシップ」で山本知子さん（《Unir》）が優勝

・米朝首脳会談
・消費税10%に引き上げ

2019
・《Okaffe Kyoto 嵐山》《Drip & Drop coffee Roastery》《MAMEBACO》が開店、《王田珈琲専門店》が移転
・《here.》《喫茶百景》《オルトコーヒーロースター》《珈琲山居》《ブルーボトルコーヒー京都》2号店が開店
・《フランソア喫茶室》が洋菓子店《フランソア洋菓子店》を開店
・《ティールーム扉》《efish》が閉店

・ラグビーW杯が日本で初開催
・訪日インバウンド観光客が過去最高の3188万人を記録
・平成から令和へ改元

2020
・《Okaffe Kyoto》が洋菓子店《amagami kyoto》を開店
・《hara》《スタンプタウンコーヒーロースターズ》が開店
・《Hi-Fi café》《喫茶ナポリ》が閉店

・新型コロナウイルスが世界的流行・東京オリンピックが延期
・「新風館」リニューアル、「エースホテル」が日本初進出
・旧立誠小学校がホテルにリニューアル

【参考文献】

○京都博覧協会編『京都博覧会沿革誌』京都博覧協会、1903年
○秋田貢四編『夜の京阪』第16号、金港堂書籍、1903年
○永澤信之助編『東京の裏面』、金港堂書籍、1909年
○瀧川朝野編『博覧会ト東京』櫻水社、1913年
○東京書院編『大正営業便覧』東京書院、1913年
○福田弥栄吉編『上京して成功し得るまで』東京生活堂、1917年
○稲垣正明『婦人商売経営案内：最適簡易』現代之婦人社、1924年
○星隆造『珈琲の知識』ニッポンブラジリアントレエディングコンパニー、1929年
○星隆造『カフェ経営学』日本前線社、1932年
○京都の実業社編『現勢鳥瞰図京都百面相』京都の実業社、1933年
○堀口大学編『時世粧』第1~8号、時世粧同人会、1934~1938年
○運輸省鉄道総局業務局観光課編『日本ホテル略史』運輸省、1946年
○宮崎小次郎編『洛味』第1集、洛味社、1946年
○『京都年鑑 昭和25年版』都新聞社、1949年
○朝日新聞京都支局編『カメラ京ある記』淡交新社、1959年
○臼井喜之介『京都味覚散歩』白川書院、1962年
○創元社編集部編『京都味覚地図』創元社、1964年
○池田彌三郎『私の食物誌』新潮文庫、1965年
○河合白戦ほか編『京都料飲大観』京都料飲新聞社、1965年
○河合白戦ほか編『京都料飲十年史』京都府料飲組合連合会、1970年
○京都府立総合資料館・編『京都府統計資料集』第4巻、京都府、1971年
○松田道雄『花洛』岩波書店、1976年
○木下彌三郎『奔馬の一生』出帆社、1976年
○京都市編『京都の歴史8』京都市史編纂所、1980年
○京都市編『史料京都の歴史5 社会・文化』平凡社、1984年
○佐和隆研ほか編『京都大事典』淡交社、1984年
○宮本エイ子『京都ふらんす事始め』駿河台出版社、1986年
○松見萬理子『平安~平成 京日記』関西書院、1994年
○青山光二『懐かしき無頼派』おうふう、1997年
○木村万平『鴨川の景観は守られた「ポン・デ・ザール」勝利の記録』かもがわ出版、1999年
○前坊洋『明治西洋料理起源』岩波書店、2000年
○アスペクト編集部編『カフェの話』アスペクト、2000年
○木村衣有子『京都カフェ案内』平凡社、2001年
○大橋良介編『京都哲学撰書第三十巻 九鬼周造「エッセイ・文学概論」』燈影舎、2003年
○同志社山脈編集委員会編『同志社山脈』晃洋書房、2003年
○木村吾郎『日本のホテル産業100年史』明石書店、2006年
○竹村民郎編『関西モダニズム再考』思文閣出版、2008年
○産経新聞文化部編『食に歴史あり』産経新聞出版、2008年
○佐藤裕一『フランソア喫茶室』北斗書房、2010年
○田口護『スペシャルティーコーヒー大全』NHK出版、2011年
○瀧本和成『京都 歴史・物語のある風景』嵯峨野書院、2015年
○木村衣有子『京都の喫茶店 昨日・今日・明日』平凡社、2013年
○高井尚之『カフェと日本人』講談現代新書、2014年
○中川理『京都と近代 せめぎ合う都市空間の歴史』鹿島出版会、2015年
○梅本龍夫『日本スターバックス物語』早川書房、2015年
○甲斐扶佐義編著『追憶のほんやら洞』風媒社、2016年
○高橋マキ『珈琲のはなし。』2016年
○オオヤミノル『珈琲の建設』誠光社、2017年
○武田尚子『ミルクと日本人』中央公論新社、2017年
○酒井順子『anan の嘘』マガジンハウス、2017年
○森まゆみ『暗い時代の人々』亜紀書房、2017年
○UCCコーヒー博物館監修、神戸新聞総合出版センター編

『神戸とコーヒー 港からはじまる物語』神戸新聞総合出版センター、2017年
○猪田彰郎『イノダアキオさんのコーヒーがおいしい理由』アノニマ・スタジオ、2018年
○中村勝著、井上史編『キネマ／新聞／カフェー―大部屋俳優・斎藤雷太郎と『土曜日』の時代』ヘウレーカ、2019年
○加藤政洋『酒場の京都学』ミネルヴァ書房、2020年
○樺山聡『京都・六曜社三代記 喫茶の一族』京阪神エルマガジン社、2020年
○斎藤光『幻のカフェー時代 夜の京都のモダニズム』淡交社、2020年
○林哲夫『喫茶店の時代』筑摩書房、2020年
○「われらがわびすけ―同志社の歩みとともに」『同志社大学国文学会会報』第23号、同志社大学国文学会、1996年所収
○宗田好史「歴史的都市景観の再生」『Civil Engineering Consultant』VOL.223、建設コンサルタンツ協会、2007年所収
○坂井素思「コーヒー消費と日本人の嗜好趣味」『放送大学研究年報』25巻、放送大学、2008年
○小伊藤亜希子、片方信也、室崎生子、上野勝代、奥野修、小伊藤直哉「京都市における町家活用型店舗の特徴と持続可能性」『日本建築学会計画系論文集』73巻631号、日本建築学会、2008年所収
○斎藤光「ジャンル『カフェー』の成立と普及」（1）『京都精華大学紀要』第39号、京都精華大学研究出版委員会、2011年所収／（2）同第40号、2012年所収
○加藤政洋「戦後京都における『歓楽街』成立の地理的基盤―花街の変容に着目して―」『立命館文学』第645号、立命館大学人文学会、2016年所収
○「家計調査（家計収支編）二人以上の世帯・品目別都道府県庁所在市及び政令指定都市ランキング（2015～17年平均）」総務省統計局、2018年
○山中雅大「喫茶店の大衆化過程における学生の利用状況：昭和初期の学生に関する記述を手掛かりに」『コミュニケーション科学42』東京経済大学コミュニケーション学会、2015年所収
○大井佐和乃「近年における昭和創業喫茶店の受容」『生活環境学研究』武庫川女子大学、2017年所収
○池田千恵子「京都市下京区における町家を再利用したゲストハウスの増加」『日本地理学会発表要旨集：2017年度日本地理学会春季学術大会』日本地理学会、2017年所収
○『別冊 暮らしの設計7号：珈琲・紅茶の研究 PART II』中央公論社、1981年
○「決定！カフェ・グランプリ。」『Olive』1998年9／18号、マガジンハウス、1998年
○『Hanako WEST Café』マガジンハウス、2000年
○『京阪神 Café book』京阪神エルマガジン社、2000年
○「老舗の教え」『別冊太陽』No.118、平凡社、2002年
○『別冊 CF! まどろみの京都喫茶ロマン』フェイム、2004年
○「コーヒーの教科書」『BRUTUS』2007年3／15号、マガジンハウス、2007年
○『Meets Regional』2007年11月号、京阪神エルマガジン社、2007年
○「京都人が愛してやまない、喫茶店」『CF!』No.290、フェイム、2008年
○『京阪神 珈琲の本』京阪神エルマガジン社、2009年
○海野弘「京都モダンシティとカフェ」『月刊京都』No.737白川書院、2012年
○『月刊京都』No.783、白川書院、2016年
○「タイムアングル・忠僕茶屋」『京都新聞』2001年9月29日朝刊
○「六曜社物語　ちいさな喫茶店の戦後70年」『京都新聞』2015年8月19日～10月3日朝刊連載
○「京都ホテルグループ130年の歴史」https://www.kyotohotel.co.jp/history/
○「本日開店」のこころ」https://www.fukunaga-tf.com/today_opening/02.html
○「高野悦子『二十歳の原点』案内」https://www.takanoetsuko.com/sub19690201.html
○「棚からプレイバック」http://refectoire.tokyo/archives/category/column/amaniga/

掲載店一覧

広域〔MAP- A〕

1. **マックさんの家**
京都市左京区岩倉幡枝町2241
075-722-5551

2. **コーヒーレストラン ドルフ**
京都市左京区岩倉東五田町4
075-722-2367

3. **キョーワズ珈琲　北山店**
京都府京都市北区上賀茂
岩ヶ垣内町41
B-LOCK KITAYAMA　1F
075-706-8880

4. **サーカスコーヒー**
京都市北区紫竹下緑町32
075-406-1920

5. **ソニアコーヒ**
京都市北区紫竹西栗栖町38-5
075-492-4077

6. **AMANO COFFEE ROASTERS**
京都市北区紫竹東高縄町23-2
ルピナス1F
075-491-6776

7. **カフェ ヴェルディ 下鴨店**
京都市左京区下鴨芝本町49-25
アディー下鴨1F
075-706-8809

8. **WIFE&HUSBAND**
京都市北区小山下内河原町106-6
075-201-7324

9. **喫茶翡翠**
京都市北区紫野西御所田町41-2
075-491-1021

10. **珈琲焙煎所 旅の音**
京都市左京区田中東春菜町30-3
THE SITE 北棟A
075-703-0770

11. **ワールドコーヒー 白川本店**
京都市左京区北白川久保田町1
075-711-4151

12. **進々堂 京大北門前**
京都市左京区北白川追分町88
075-701- 4121

13. **名曲喫茶 柳月堂**
京都市左京区田中下柳町5－1
075-781-5162

14. **ラッシュライフ**
京都市左京区田中下柳町20
090-1909-0199

15. **COFFEE HOUSE maki**
京都市上京区青龍町211
075-222-2460

16. **逃現郷**
京都市上京区大宮通今出川上ル
観世町127-1
075-354-6866

17. **珈琲茶館**
京都市上京区西五辻東町74-3
075-441-1811

18. **エントツコーヒー舎**
京都市上京区佐竹町110－2
075-464-5323

19. **喫茶 ゴゴ**
京都市左京区田中下柳町8-76
075-771-6527

20. **KAFE工船**
京都市上京区河原町通今出川下ル梶井
町448 清和テナントハウス2F G号室
075-211-5398

21. **Cafe de Corazón**
京都市上京区小川通一条上ル
革堂町593-15
075-366-3136

22. **喫茶 静香**
京都市上京区南上善寺町164
075-461-5323

23. knot café
京都市上京区今小路通七本松西入
東今小路町758-1
075-496-5123

24. Latteart Junkies Roastingshop 北野天満宮前
京都市上京区紙屋川町839-3
075-463-6677

25. かもがわカフェ
京都市上京区三本木通
荒神口下ル上生洲町229-1
075-211-4757

26. 大洋堂珈琲
京都市上京区下立売
千本西入稲葉町463
075-841-5095

27. はなふさ珈琲店 イースト店
京都市左京区岡崎東天王町43-5
レジデンス岡崎1F
075-751-9610

28. jazz spot YAMATOYA
京都市左京区聖護院山王町25
075-761-7685

29. SONGBIRD COFFEE
京都市中京区竹屋町通堀川東入
西竹屋町529 SONGBIRD BLD 2F
075-252-2781

30. ユニオン
京都市中京区室町通二条下る
蛸薬師町283
075-231-0526

31. 喫茶マドラグ
京都市中京区上松屋町706-5
075-744-0067

32. 珈琲 二条小屋
京都市中京区最上町382-3
090-6063-6219

33. 喫茶チロル
京都市中京区門前町539-3
075-821-3031

34. 前田珈琲 室町本店
京都市中京区烏丸蛸薬師西入
橋弁慶町236
075-255-2588

35. 珈琲工房てらまち
京都市中京区三条通大宮西入
上瓦町64-26
075-821-6323

36. 祇園喫茶カトレヤ
京都市東山区祇園町北側284
075-708-8670

37. ホリーズカフェ 四条室町店
京都市下京区四条通新町東入ル月
鉾町62 住友生命京都ビル1F
075-682-0011

38. Cafe OPAL
京都市東山区大和大路通り四条下ル
3丁目博多町68
075-525-7117

39. カフェ マーブル 仏光寺店
京都市下京区仏光寺通高倉東入ル
西前町378
075-634-6033

40. 珈琲の店 雲仙
京都市下京区綾西洞院町724
075-351-5479

41. % Arabica Kyoto
京都市東山区星野町87－5
075-746-3669

42. コーヒー＆ワイン　ヴィオロン
京都市下京区松原通西木屋町上ル
すえひろビル1F奥
なし

43. 高木珈琲 烏丸店
京都市下京区因幡堂町711
075-341-7528

44. 西院 ロースティングファクトリー
京都市右京区西院日照町60-1
武藤商店 南側1F
075-323-1920

3. **スマート珈琲店**
京都市中京区寺町通三条上ル
天性寺前町537
075-231-6547

4. **喫茶葦島**
京都市中京区三条通河原町東入
大黒町37 文明堂ビル5F
075-241-2210

5. **リプトン 三条本店**
京都市中京区寺町通三条東入
石橋町16
075-221-3691

6. **エスプレッソ珈琲 吉田屋**
京都市中京区木屋町三条下ル
一筋目東入
075-211-8731

7. **六曜社珈琲店**
京都市中京区河原町三条下ル
大黒町40
075-221-3820

8. **からふね屋珈琲 三条本店**
京都市中京区河原町通三条下ル
大黒町39
075-254-8774

9. **カフェ アンデパンダン**
京都市中京区三条通御幸町東入
弁慶石町56 1928ビルB1F
075-255-4312

10. **イノダコーヒ 本店**
京都市中京区堺町通三条下ル
道祐町140
075-221-0507

11. **インパルス**
京都市中京区河原町通蛸薬師上る
奈良屋町292
075-255-3629

12. **boogaloo cafe 寺町店**
京都市中京区寺町通六角通下ル
中筋町488 OHAYAMA BLD2階
075-213-1610

45. **GARUDA COFFEE**
京都市山科区御陵別所町11-11
075-202-6228

46. **市川屋珈琲**
京都市東山区鐘鋳町396-2
075-748-1354

47. **Walden Woods Kyoto**
京都市下京区花屋町通富小路
西入ル栄町508-1
075-344-9009

48. **ギンカコーヒー 京都本店**
京都市下京区東洞院通り五条下ル
和泉町540
075-351-7730

49. **小川珈琲 本店**
京都市右京区西京極北庄境町75
075-313-7334

50. **クアドリフォリオ**
京都市下京区西七条北東野町27-2
075-311-6781

51. **コロラド 京都駅八条口店**
京都府京都市南区東九条室町64-4
075-671-7223

52. **Vermillion-cafe.**
京都市伏見区深草開土口町5-31
075-644-7989

市街地〔MAP- B 〕

1. **Café Bibliotic Hello!**
京都市中京区二条柳馬場東入ル
晴明町650
075-231-8625

2. **直珈琲**
京都市中京区河原町通三条上ル
二筋目東入恵比寿町534-40
なし

23. フランソア喫茶室
京都市下京区西木屋四条下ル
船頭町184
075-351- 4042

24. 御多福珈琲
京都市中京区貞安前之町609
075-256-6788

25. 自家焙煎 王田珈琲専門店
京都市下京区船頭町197 2F
なし

26. 珈琲家あさぬま 髙島屋店
京都市下京区四条通河原町西入
真町52 京都髙島屋4F
075-221-8811

27. 三喜屋珈琲 髙島屋京都店
京都府京都市下京区四条通河原町
西入真町52 京都髙島屋B1F
075-252-7679

28. Okaffe kyoto
京都市下京区綾小路通東洞院東入
ル神明町235-2
075-708-8162

京都市外

Unir 本店
長岡京市今里4-11-1
075-956-0117

大山崎 コーヒーロースターズ
京都府乙訓郡大山崎町大山崎尻江
56-1
075-925-6856

カフェタイム 亀岡店
京都府亀岡市古世町2-2-4
0771-23-0014

13. WEEKENDERS COFFEE 富小路
京都市中京区骨屋之町560
075-746-2206

14. ELEPHANT FACTORY COFFEE
京都市中京区蛸薬師通東入ル
備前島町309-4 HKビル2F
075-212-1808

15. DRIP&DROP COFFEE SUPPLY 蛸薬師店
京都市中京区裏寺町594
075-256-2022

16. TRAVELING COFFEE
京都市中京区蛸薬師通河原町東入
ル備前島町310-2立誠ガーデン ヒュ
ーリック京都内
なし

17. 玉屋珈琲店
京都市中京区堺町通蛸薬師下ル
菊屋町520
075-221-2710

18. びーんず亭
京都市中京区高倉通錦小路下ル
075-213-1445

19. アフタヌーンティー・ティールーム 大丸京都店
京都市下京区立売西町79
大丸京都店2F
075-241-7434

20. 喫茶ソワレ
京都市下京区 西木屋町通四条上ル
真町95
075-221-0351

21. 築地
京都市中京区河原町通四条上ル
1筋目東入ル米屋町384
075-221-1053

22. さらさ 花遊小路
京都市中京区新京極通四条上る
中之町565-13
075-212-2310

広域〔MAP-A〕

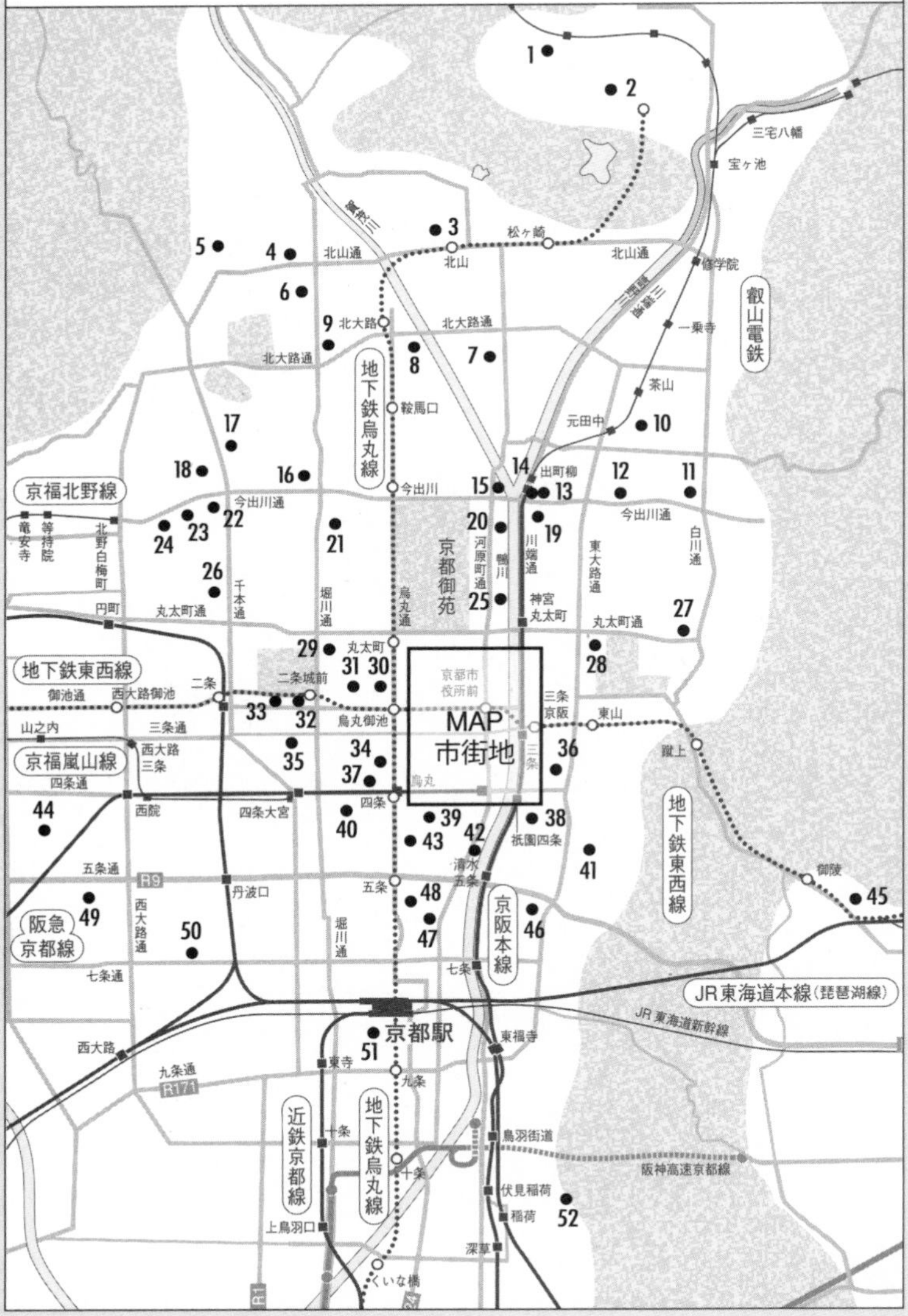

1
2
3
4
5
6
7
8
9
10
11
12
13
14
15
16
17
18
19
20
21
22
23
24
25
26
27
28
29
30
31
32
33
34
35
36
37
38
39
40
41
42
43
44
45
46
47
48
49
50
51
52
三宅八幡
宝ヶ池
松ヶ崎
北山
北山通
修学院
叡山電鉄
一乗寺
北大路
北大路通
茶山
元田中
地下鉄烏丸線
鞍馬口
出町柳
今出川
今出川通
京福北野線
竜安寺
等持院
北野白梅町
京都御苑
河原町通
鴨川
川端通
東大路通
白川通
千本通
堀川通
烏丸通
神宮丸太町
円町
丸太町通
丸太町
地下鉄東西線
二条
二条城前
御池通
西大路御池
京都市役所前
MAP 市街地
三条京阪
東山
三条
蹴上
山之内
三条通
烏丸御池
西大路三条
京福嵐山線
四条通
烏丸
西院
四条大宮
四条
祇園四条
清水五条
五条通
R9
丹波口
五条
御陵
阪急京都線
西大路通
京阪本線
七条通
七条
JR東海道本線（琵琶湖線）
JR東海道新幹線
京都駅
西大路
東寺
東福寺
九条通
R171
九条
近鉄京都線
地下鉄烏丸線
鳥羽街道
十条
阪神高速京都線
伏見稲荷
稲荷
上鳥羽口
深草
くいな橋
R1

市街地〔MAP-B〕

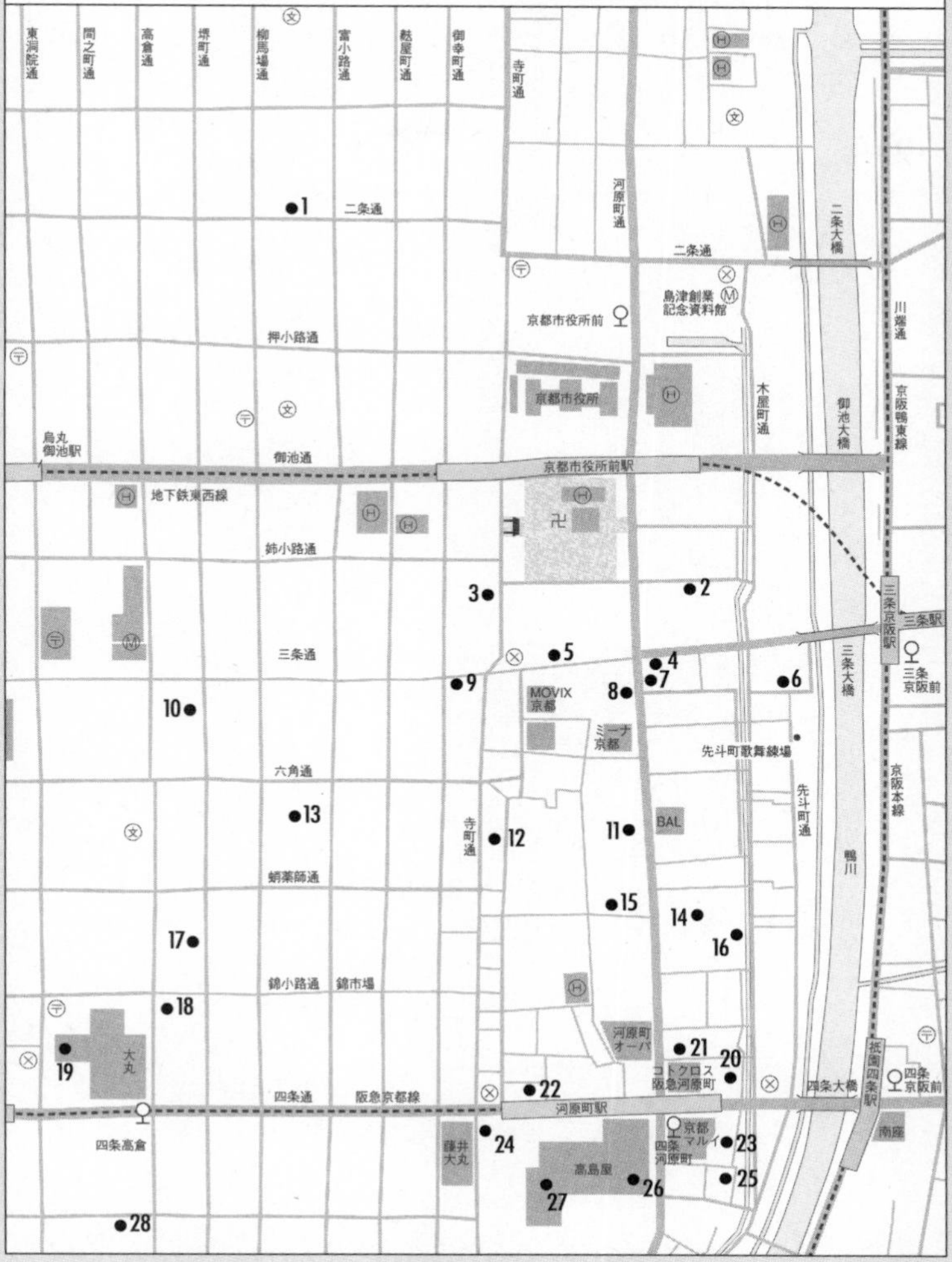

東洞院通
間之町通
高倉通
堺町通
柳馬場通
富小路通
麸屋町通
御幸町通
寺町通
河原町通
二条通
二条大橋
川端通
島津創業記念資料館
京都市役所前
押小路通
京都市役所
木屋町通
御池大橋
京阪鴨東線
烏丸御池駅
御池通
京都市役所前駅
地下鉄東西線
姉小路通
三条通
三条京阪駅
三条駅
三条京阪前
三条大橋
MOVIX京都
ミーナ京都
先斗町歌舞練場
先斗町通
六角通
京阪本線
BAL
寺町通
鴨川
蛸薬師通
錦小路通
錦市場
河原町オーパ
コトクロス阪急河原町
大丸
四条通
阪急京都線
河原町駅
四条大橋
祇園四条駅
四条京阪前
四条高倉
藤井大丸
京都マルイ
四条河原町
高島屋
南座
1
2
3
4
5
6
7
8
9
10
11
12
13
14
15
16
17
18
19
20
21
22
23
24
25
26
27
28

田中 慶一（たなか けいいち）

1975年、滋賀県生まれ。立命館大学産業社会学部卒業。神戸の編集プロダクションを経て、フリーランスの編集・文筆・校正業。学生時代からのコーヒー好きが高じて、2001年から珈琲と喫茶にまつわる小冊子『甘苦一滴』を独自に発行。関西の喫茶・珈琲店を中心に全国各地に配布（通巻20号）。以来、喫茶店文化から現代のカフェ・コーヒー事情等の取材を続け、専門分野を開拓し、雑誌等に寄稿多数。取材を含め訪れた店は、新旧合わせて約1000軒を超える。2017年には、『神戸とコーヒー 港からはじまる物語』（神戸新聞総合出版センター）の制作を全面担当。2019年に『淡交ムック KYOTO COFFEE STANDARDS』（淡交社）を監修・執筆。現在は関西のコーヒー・喫茶店史の追究に注力している。

写真　小檜山 貴裕
装幀　瀧澤 弘樹

京都 喫茶店クロニクル　古都に薫るコーヒーの系譜

2021年3月12日　初版発行

著　者　田中慶一
発行者　納屋嘉人
発行所　株式会社 淡交社
本　社　〒603-8588 京都市北区堀川通鞍馬口上ル
営業 075-432-5151　編集 075-432-5161
支　社　〒162-0061 東京都新宿区市谷柳町 39-1
営業 03-5269-7941　編集 03-5269-1691
www.tankosha.co.jp
印刷・製本　図書印刷株式会社

ISBN978-4-473-04439-6